LAS MORADAS O CASTILLO INTERIOR

SANTA TERESA DE JESÚS

ÍNDICE

Prólogo ... 1

MORADAS PRIMERAS

Capítulo 1 ... 7
Capítulo 2 ... 12

MORADAS SEGUNDAS

Capítulo único ... 25

MORADAS TERCERAS

Capítulo 1 ... 35
Capítulo 2 ... 41

MORADAS CUARTAS

Capítulo 1 ... 51
Capítulo 2 ... 59
Capítulo 3 ... 65

MORADAS QUINTAS

Capítulo 1 ... 77
Capítulo 2 ... 84
Capítulo 3 ... 92

Capítulo 4 — 99

MORADAS SEXTAS

Capítulo 1	107
Capítulo 2	116
Capítulo 3	121
Capítulo 4	130
Capítulo 5	139
Capítulo 6	145
Capítulo 7	153
Capítulo 8	162
Capítulo 9	169
Capítulo 10	178
Capítulo 11	182

MORADAS SÉPTIMAS

Capítulo 1	191
Capítulo 2	198
Capítulo 3	205
Capítulo 4	212

Epílogo — 221

PRÓLOGO

JHS

Pocas cosas que me ha mandado la obediencia, se me han hecho tan dificultosas como escribir ahora cosas de oración; lo uno, porque no me parece me da el Señor espíritu para hacerlo ni deseo; lo otro, por tener la cabeza tres meses ha con un ruido y flaqueza tan grande, que aun los negocios forzosos escribo con pena. Mas, entendiendo que la fuerza de la obediencia suele allanar cosas que parecen imposibles, la voluntad se determina a hacerlo muy de buena gana, aunque el natural parece que se aflige mucho; porque no me ha dado el Señor tanta virtud que el pelear con la enfermedad continua y con ocupaciones de muchas maneras se pueda hacer sin gran contradicción suya. Hágalo el que ha hecho otras cosas más dificultosas por hacerme merced, en cuya misericordia confío.

Bien creo he de saber decir poco más que lo que he dicho en otras cosas que me han mandado escribir, antes temo que han de ser casi todas las mismas; porque así como los pájaros que enseñan a hablar no saben más de lo que les muestran u oyen, y esto repiten muchas veces, soy yo al pie de la letra. Si el Señor quisiere diga algo nuevo, Su Majestad lo dará o será servido traerme a la memoria lo que otras veces he dicho, que aun con esto me contentaría, por tenerla tan mala que me holgaría de atinar a algunas cosas que decían estaban bien dichas, por si se hubieren perdido. Si tampoco me diere el Señor esto, con cansarme y acrecentar el mal de cabeza por obediencia, quedaré con ganancia, aunque de lo que dijere no se saque ningún provecho.

Y así, comienzo a cumplirla hoy, día de la Santísima Trinidad, año de 1577 en este monasterio de San José del Carmen en Toledo adonde al presente estoy, sujetándome en todo lo que dijere al parecer de quien me lo manda escribir, que son personas de grandes letras. Si alguna cosa dijere que no vaya conforme a lo que tiene la Santa Iglesia Católica Romana, será por ignorancia y no por malicia. Esto se puede tener por cierto, y que siempre estoy y estaré sujeta por la bondad de Dios, y lo he estado a ella. Sea por siempre bendito, amén, y glorificado.

Díjome quien me mandó escribir que como estas monjas de estos monasterios de nuestra Señora del Carmen tienen necesidad de quien algunas dudas de oración las declare, y que le parecía que mejor se entienden el lenguaje unas mujeres de otras, y con el amor que me tienen les haría más al caso lo que yo les dijese, tiene entendido por esta causa será de alguna importancia, si se acierta a decir alguna cosa; y por esto iré hablando con ellas en lo que escribiré, y porque parece desatino pensar que puede hacer al caso a otras personas. Harta merced me hará nuestro Señor, si alguna de ellas se aprovechare para alabarle algún poquito más:

bien sabe Su Majestad que yo no pretendo otra cosa; y está muy claro que, cuando algo se atinare a decir, entenderán no es mío, pues no hay causa para ello, si no fuere tener tan poco entendimiento como yo habilidad para cosas semejantes, si el Señor por su misericordia no la da.

MORADAS PRIMERAS

CAPÍTULO UNO

Estando hoy suplicando a nuestro Señor hablase por mí, porque yo no atinaba a cosa que decir ni cómo comenzar a cumplir esta obediencia, se me ofreció lo que ahora diré, para comenzar con algún fundamento: que es considerar nuestra alma como un castillo todo de un diamante o muy claro cristal, adonde hay muchos aposentos, así como en el cielo hay muchas moradas. Que si bien lo consideramos, hermanas, no es otra cosa el alma del justo sino un paraíso adonde dice él tiene sus deleites. Pues ¿qué tal os parece que será el aposento adonde un Rey tan poderoso, tan sabio, tan limpio, tan lleno de todos los bienes se deleita? No hallo yo cosa con qué comparar la gran hermosura de un alma y la gran capacidad; y verdaderamente apenas deben llegar nuestros entendimientos, por agudos que fuesen, a comprenderla, así como no pueden llegar a considerar a Dios, pues él mismo dice que nos crió a su imagen y semejanza.

Pues si esto es, como lo es, no hay para qué nos cansar en querer comprender la hermosura de este castillo; porque puesto que hay la diferencia de él a Dios que del Criador a la criatura, pues es criatura, basta decir Su Majestad que es hecha a su imagen para que apenas podamos entender la gran dignidad y hermosura del ánima.

No es pequeña lástima y confusión que, por nuestra culpa, no entendamos a nosotros mismos ni sepamos quién somos. ¿No sería gran ignorancia, hijas mías, que preguntasen a uno quién es, y no se conociese ni supiese quién fue su padre ni su madre ni de qué tierra? Pues si esto sería gran bestialidad, sin comparación es mayor la que hay en nosotras cuando no procuramos saber qué cosa somos, sino que nos detenemos en estos cuerpos, y así a bulto, porque lo hemos oído y porque nos lo dice la fe, sabemos que tenemos almas. Mas qué bienes puede haber en esta alma o quién está dentro en esta alma o el gran valor de ella, pocas veces lo consideramos; y así se tiene en tan poco procurar con todo cuidado conservar su hermosura: todo se nos va en la grosería del engaste o cerca de este castillo, que son estos cuerpos.

Pues consideremos que este castillo tiene –como he dicho– muchas moradas, unas en lo alto, otras en bajo, otras a los lados; y en el centro y mitad de todas éstas tiene la más principal, que es adonde pasan las cosas de mucho secreto entre Dios y el alma.

Es menester que vayáis advertidas a esta comparación. Quizá será Dios servido pueda por ella daros algo a entender de las mercedes que es Dios servido hacer a las almas y las diferencias que hay en ellas, hasta donde yo hubiere entendido que es posible; que todas será imposible entenderlas nadie, según son muchas, cuánto más quien es tan ruin como yo; porque os será gran consuelo, cuando el Señor os las hiciere, saber que es posible, y a quien no, para alabar su gran bondad; que así como no nos hace daño considerar las cosas que hay en el cielo y lo que gozan los bienaventurados, antes nos alegramos y procuramos alcanzar lo que ellos gozan, tampoco nos hará ver que es posible en este destierro comunicarse un tan gran Dios con unos gusanos tan llenos de mal olor; y amar una bondad tan buena y una misericordia tan sin tasa.

Tengo por cierto que a quien hiciere daño entender que es posible hacer Dios esta merced en este destierro, que estará muy falta de humildad y del amor del prójimo; porque si esto no es, ¿cómo nos podemos dejar de holgar de que haga Dios estas mercedes a un hermano nuestro, pues no impide para hacérnoslas a nosotras, y de que Su Majestad dé a entender sus grandezas, sea en quien fuere? Que algunas veces será sólo por mostrarlas, como dijo del ciego que dio vista, cuando le preguntaron los apóstoles si era por sus pecados o de sus padres. Y así acaece no las hacer por ser más santos a quien las hace que a los que no, sino porque se conozca su grandeza, como vemos en san Pablo y la Magdalena, y para que nosotros le alabemos en sus criaturas.

Podrase decir que parecen cosas imposibles y que es bien no escandalizar los flacos. Menos se pierde en que ellos no lo crean, que no en que se dejen de aprovechar a los que Dios las hace; y se regalarán y despertarán a más amar a quien hace tantas misericordias, siendo tan grande su poder y majestad; cuánto más que sé que hablo con quien no habrá este peligro, porque saben y creen que hace Dios aun muy mayores muestras de amor. Yo sé que quien esto no creyere no lo verá por experiencia, porque es muy amigo de que no pongan tasa a sus obras, y así, hermanas, jamás os acaezca a las que el Señor no llevare por este camino.

Pues tornando a nuestro hermoso y deleitoso castillo, hemos de ver cómo podremos entrar en él.

Parece que digo algún disparate; porque si este castillo es el ánima claro está que no hay para qué entrar, pues se es él mismo ; como parecería desatino decir a uno que entrase en una pieza estando ya dentro. Mas habéis de entender que va mucho de estar a estar; que hay muchas almas que se están en la ronda del castillo, que es adonde están los que le guardan, y que no se les da nada de entrar dentro ni saben qué hay en aquel tan precioso lugar ni quién está dentro ni aun qué piezas tiene. Ya habréis oído en algunos libros de oración aconsejar al alma que entre dentro de sí; pues esto mismo es.

Decíame poco ha un gran letrado que son las almas que no tienen oración como un cuerpo con perlesía o tullido, que aunque tiene pies y manos no los puede mandar; que así son, que hay almas tan enfermas y mostradas a estarse en cosas exteriores, que no hay remedio ni parece que pueden entrar dentro de sí; porque ya la costumbre la tiene tal de haber siempre tratado con las sabandijas y bestias que están en el cerco del castillo, que ya casi está hecha como ellas, y con ser de natural tan rica y poder tener su conversación no menos que con Dios, no hay remedio. Y si estas almas no procuran entender y remediar su gran miseria, quedarse han hechas estatuas de sal por no volver la cabeza hacia sí, así como lo quedó la mujer de Lot por volverla.

Porque, a cuanto yo puedo entender, la puerta para entrar en este castillo es la oración y consideración, no digo más mental que vocal, que como sea oración ha de ser con consideración; porque la que no advierte con quién habla y lo que pide y quién es quien pide y a quién, no la llamo yo oración, aunque mucho menee los labios; porque aunque algunas veces sí será, aunque no lleve este cuidado, mas es habiéndole llevado otras. Mas quien tuviese de costumbre hablar con la majestad de Dios como hablaría con su esclavo, que ni mira si dice mal, sino lo que se le viene a la boca y tiene deprendido, por hacerlo otras veces, no la tengo por oración, ni plega a Dios que ningún cristiano la tenga de esta suerte; que entre vosotras, hermanas, espero en Su Majestad no lo habrá, por la costumbre que hay de tratar de cosas interiores, que es harto bueno para no caer en semejante bestialidad.

Pues no hablemos con estas almas tullidas, que si no viene el mismo Señor a mandarlas se levanten –como al que había treinta años que estaba en la piscina–, tienen harta malaventura y gran peligro, sino con otras almas que, en fin, entran en el castillo; porque aunque están muy metidas en el mundo, tienen buenos deseos, y alguna vez, aunque de tarde en tarde, se encomiendan a Nuestro Señor y consideran quién son, aunque no muy despacio. Alguna vez en un mes rezan llenos de mil negocios, el pensamiento casi lo ordinario en esto, porque están tan asidos a ellos, que como adonde está su tesoro se va allá el corazón, ponen por sí algunas veces de desocuparse, y es gran cosa el propio conocimiento y ver que no van bien para atinar a la puerta. En fin, entran en las primeras piezas de las bajas; mas entran con ellos tantas sabandijas, que ni le dejan ver la hermosura del castillo, ni sosegar; harto hacen en haber entrado.

Pareceros ha, hijas, que es esto impertinente, pues por la bondad del Señor no sois de éstas. Habéis de tener paciencia, porque no sabré dar a entender, como yo tengo entendido, algunas cosas interiores de oración si no es así, y aun plega al Señor que atine a decir algo, porque es bien dificultoso lo que querría daros a entender, si no hay experiencia; si la hay, veréis que no se puede hacer menos de tocar en lo que plega al Señor no nos toque por su misericordia.

CAPÍTULO DOS

Antes que pase adelante, os quiero decir que consideréis qué será ver este castillo tan resplandeciente y hermoso, esta perla oriental, este árbol de vida que está plantado en las mismas aguas vivas de la vida, que es Dios, cuando cae en un pecado mortal: no hay tinieblas más tenebrosas, ni cosa tan oscura y negra, que no lo esté mucho más. No queráis más saber de que, con estarse el mismo sol que le daba tanto resplandor y hermosura todavía en el centro de su alma, es como si allí no estuviese para participar de él, con ser tan capaz para gozar de Su Majestad como el cristal para resplandecer en él el sol. Ninguna cosa le aprovecha; y de aquí viene que todas las buenas obras que hiciere, estando así en pecado mortal, son de ningún fruto para alcanzar gloria; porque no procediendo de aquel principio, que es Dios, de donde nuestra virtud es virtud, y apartándonos de él, no puede ser agradable a sus ojos; pues, en fin, el intento de quien hace un pecado mortal no es contentarle, sino hacer placer al demonio, que como es las mismas tinieblas, así la pobre alma queda hecha una misma tiniebla.

Yo sé de una persona a quien quiso nuestro Señor mostrar cómo quedaba un alma cuando pecaba mortalmente. Dice aquella persona que le parece si lo entendiesen no sería posible ninguno pecar, aunque se pusiese a mayores trabajos que se pueden pensar por huir de las ocasiones. Y así le dio mucha gana que todos lo entendieran; y así os la dé a vosotras, hijas, de rogar mucho a Dios por los que están en este estado, todos hechos una oscuridad, y así son sus obras; porque así como de una fuente muy clara lo son todos los arroyicos que salen de ella, como es un alma que está en gracia, que de aquí le viene ser sus obras tan agradables a los ojos de Dios y de los hombres, porque proceden de esta fuente de vida, adonde el alma está como un árbol plantado en ella, que la frescura y fruto no tuviera si no le procediere de allí, que esto le sustenta y hace no secarse y que dé buen fruto; así el alma que por su culpa se aparta de esta fuente y se planta en otra de muy negrísima agua y de muy mal olor, todo lo que corre de ella es la misma desventura y suciedad.

Es de considerar aquí que la fuente y aquel sol resplandeciente que está en el centro del alma no pierde su resplandor y hermosura que siempre está dentro de ella, y cosa no puede quitar su hermosura. Mas si sobre un cristal que está al sol se pusiese un paño muy negro, claro está que, aunque el sol dé en él, no hará su claridad operación en el cristal.

¡Oh almas redimidas por la sangre de Jesucristo! ¡Entendeos y habed lástima de vosotras! ¿Cómo es posible que entendiendo esto no procuréis quitar esta pez de este cristal? Mirad que, si se os acaba la vida, jamás tornaréis a gozar de esta luz. ¡Oh Jesús, qué es ver a un alma apartada de ella! ¡Cuáles quedan los pobres aposentos del castillo! ¡Qué turbados andan los sentidos, que es la gente que vive en ellos! Y las potencias, que son los alcaides y mayordomos y maestresalas, ¡con qué ceguedad, con qué mal gobierno! En fin, como adonde está plantado el árbol que es el demonio, ¿qué fruto puede dar?

Oí una vez a un hombre espiritual que no se espantaba de cosas que hiciese uno que está en pecado mortal, sino de lo que no hacía. Dios por su misericordia nos libre de tan gran mal, que no hay cosa mientras vivimos que merezca este nombre de mal, sino ésta, pues acarrea males eternos para sin fin. Esto es, hijas, de lo que hemos de andar temerosas y lo que hemos de pedir a Dios en nuestras oraciones; porque, si él no guarda la ciudad, en vano trabajaremos, pues somos la misma vanidad.

Decía aquella persona que había sacado dos cosas de la merced que Dios le hizo: la una, un temor grandísimo de ofenderle, y así siempre le andaba suplicando no la dejase caer, viendo tan terribles daños; la segunda, un espejo para la humildad, mirando cómo cosa buena que hagamos no viene su principio de nosotros, sino de esta fuente adonde está plantado este árbol de nuestras almas, y de este sol que da calor a nuestras obras. Dice que se le representó esto tan claro, que en haciendo alguna cosa buena o viéndola hacer, acudía a su principio y entendía cómo sin esta ayuda no podíamos nada; y de aquí le procedía ir luego a alabar a Dios y, lo más ordinario, no se acordar de sí en cosa buena que hiciese.

No sería tiempo perdido, hermanas, el que gastaseis en leer esto ni yo en escribirlo, si quedásemos con estas dos cosas, que los letrados y entendidos muy bien las saben, mas nuestra torpeza de las mujeres todo lo ha menester; y así por ventura quiere el

Señor que vengan a nuestra noticia semejantes comparaciones. Plega a su bondad nos dé gracia para ello.

Son tan oscuras de entender estas cosas interiores, que a quien tan poco sabe como yo, forzado habrá de decir muchas cosas superfluas y aun desatinadas para decir alguna que acierte. Es menester tenga paciencia quien lo leyere, pues yo la tengo para escribir lo que no sé; que, cierto algunas veces tomo el papel como una cosa boba, que ni sé qué decir ni cómo comenzar. Bien entiendo que es cosa importante para vosotras declarar algunas interiores, como pudiere; porque siempre oímos cuán buena es la oración, y tenemos de constitución tenerla tantas horas, y no se nos declara más de lo que podemos nosotras; y de cosas que obra el Señor en un alma declárase poco, digo sobrenatural. Diciéndose y dándose a entender de muchas maneras, sernos ha mucho consuelo considerar este artificio celestial interior tan poco entendido de los mortales aunque vayan muchos por él. Y aunque en otras cosas que he escrito ha dado el Señor algo a entender, entiendo que algunas no las había entendido como después acá, en especial de las más dificultosas. El trabajo es que para llegar a ellas –como he dicho– se habrán de decir muchas muy sabidas porque no puede ser menos para mi rudo ingenio.

Pues tornemos ahora a nuestro castillo de muchas moradas. No habéis de entender estas moradas una en pos de otra, como cosa en hilada, sino poned los ojos en el centro, que es la pieza o palacio adonde está el rey, y considerad como un palmito, que para llegar a lo que es de comer tiene muchas coberturas que todo lo sabroso cercan. Así acá, enrededor de esta pieza están muchas, y encima lo mismo. Porque las cosas del alma siempre se han de considerar con plenitud y anchura y grandeza, pues no le levantan nada, que capaz es de mucho más que podremos considerar, y a todas partes de ella se comunica este sol que está en este palacio.

Esto importa mucho a cualquier alma que tenga oración, poca o mucha, que no la arrincone ni apriete. Déjela andar por estas moradas, arriba y abajo y a los lados, pues Dios la dio tan gran dignidad; no se estruje en estar mucho tiempo en una pieza sola. ¡Oh que si es en el propio conocimiento! Que con cuán necesario es esto (miren que me entiendan), aun a las que las tiene el Señor en la misma morada que él está, que jamás –por encumbrada que esté– le cumple otra cosa ni podrá aunque quiera; que la humildad siempre labra como la abeja en la colmena la miel, que sin esto todo va perdido. Mas consideremos que [así como] la abeja no deja de salir a volar para traer flores, así el alma en el propio conocimiento: créame y vuele algunas veces a considerar la grandeza y majestad de su Dios. Aquí hallará su bajeza mejor que en sí misma, y más libre de las sabandijas adonde entran en las primeras piezas, que es el propio conocimiento; que aunque, como digo, es harta misericordia de Dios que se ejercite en esto, tanto es lo de más como lo de menos –suelen decir–. Y créanme, que con la virtud de Dios obraremos muy mejor virtud, que muy atadas a nuestra tierra.

No sé si queda dado bien a entender, porque es cosa tan importante este conocernos que no querría en ello hubiese jamás relajación, por subidas que estéis en los cielos; pues mientras estamos en esta tierra no hay cosa que más nos importe que la humildad. Y así torno a decir que es muy bueno y muy rebueno tratar de entrar primero en el aposento adonde se trata de esto, que volar a los demás; porque éste es el camino, y si podemos ir por lo seguro y llano, ¿para qué hemos de querer alas para volar? Mas que busque cómo aprovechar más en esto; y, a mi parecer, jamás nos acabamos de conocer si no procuramos conocer a Dios. Mirando su grandeza, acudamos a nuestra bajeza; y mirando su limpieza, veremos nuestra suciedad; considerando su humildad, veremos cuán lejos estamos de ser humildes.

Hay dos ganancias de esto: la primera, está claro que parece una cosa blanca muy más blanca cabe la negra, y al contrario la negra cabe la blanca; la segunda es, porque nuestro entendimiento y voluntad se hace más noble y más aparejado para todo bien tratando a vueltas de sí con Dios; y si nunca salimos de nuestro cieno de miserias, es mucho inconveniente. Así como decíamos de los que están en pecado mortal, cuán negras y de mal olor son sus corrientes, así acá (aunque no son como aquéllas, Dios nos libre, que esto es comparación), metidos siempre en la miseria de nuestra tierra, nunca la corriente saldrá de cieno de temores, de pusilanimidad y cobardía: de mirar si me miran, no me miran; si, yendo por este camino, me sucederá mal; si osaré comenzar aquella obra, si será soberbia; si es bien que una persona tan miserable trate de cosa tan alta como la oración; si me tendrán por mejor si no voy por el camino de todos; que no son buenos los extremos, aunque sea en virtud; que, como soy tan pecadora, será caer de más alto; quizá no iré adelante y haré daño a los buenos; que una como yo no ha menester particularidades.

¡Oh válgame Dios, hijas, qué de almas debe el demonio de haber hecho perder mucho por aquí! Que todo esto les parece humildad, y otras muchas cosas que pudiera decir, y viene de no acabar de entendernos; tuerce el propio conocimiento y, si nunca salimos de nosotros mismos, no me espanto que esto y más se puede temer. Por eso digo, hijas, que pongamos los ojos en Cristo, nuestro bien, y allí deprenderemos la verdadera humildad, y en sus santos, y ennoblecerse ha el entendimiento –como he dicho– y no hará el propio conocimiento ratero y cobarde; que, aunque ésta es la primera morada, es muy rica y de tan gran precio, que si se descabulle de las sabandijas de ella, no se quedará sin pasar adelante. Terribles son los ardides y mañas del demonio para que las almas no se conozcan ni entiendan sus caminos.

De estas moradas primeras podré yo dar muy buenas señas de experiencia. Por eso digo que no consideren pocas piezas, sino un millón; porque de muchas maneras entran almas aquí, unas y otras con buena intención. Mas, como el demonio siempre la tiene tan mala, debe tener en cada una muchas legiones de demonios para combatir que no pasen de unas a otras y, como la pobre alma no lo entiende, por mil maneras nos hace trampantojos, lo que no puede tanto a las que están más cerca de donde está el rey, que aquí, como aún se están embebidas en el mundo y engolfadas en sus contentos y desvanecidas en sus honras y pretensiones, no tienen la fuerza los vasallos del alma (que son los sentidos y potencias) que Dios les dio de su natural, y fácilmente estas almas son vencidas, aunque anden con deseos de no ofender a Dios, y hagan buenas obras. Las que se vieren en este estado han menester acudir a menudo, como pudieren, a Su Majestad, tomar a su bendita Madre por intercesora, y a sus Santos, para que ellos peleen por ellas, que sus criados poca fuerza tienen para se defender. A la verdad, en todos estados es menester que nos venga de Dios. Su Majestad nos la dé por su misericordia, amén.

¡Qué miserable es la vida en que vivimos! Porque en otra parte dije mucho del daño que nos hace, hijas, no entender bien esto de la humildad y propio conocimiento, no os digo más aquí, aunque es lo que más nos importa y aun plega al Señor haya dicho algo que os aproveche.

Habéis de notar que en estas moradas primeras aún no llega casi nada la luz que sale del palacio donde está el Rey ; porque, aunque no están oscurecidas y negras como cuando el alma está en pecado, está oscurecida en alguna manera para que no la pueda ver –el que está en ella digo– y no por culpa de la pieza, que no sé darme a entender, sino porque con tantas cosas malas de culebras y víboras y cosas emponzoñosas que entraron con él, no le dejan advertir a la luz. Como si uno entrase en una parte adonde entra mucho sol y llevase tierra en los ojos, que casi no los pudiese abrir. Clara está la pieza, mas él no lo goza por el impedimento o cosas de esas fieras y bestias que le hacen cerrar los ojos para no ver sino a ellas. Así me parece debe ser un alma que, aunque no está en mal estado, está tan metida en cosas del mundo y tan empapada en la hacienda u honra o negocios –como tengo dicho– que, aunque en hecho de verdad se querría ver y gozar de su hermosura, no le dejan, ni parece que puede descabullirse de tantos impedimentos. Y conviene mucho, para haber de entrar a las segundas moradas, que procure dar de mano a las cosas y negocios no necesarios, cada uno conforme a su estado; que es cosa que le importa tanto para llegar a la morada principal, que si no comienza a hacer esto, lo tengo por imposible, y aun estar sin mucho peligro en la que está, aunque haya entrado en el castillo, porque entre cosas tan ponzoñosas, una vez u otra es imposible dejarle de morder.

Pues ¿qué sería, hijas, si a las que ya están libres de estos tropiezos, como nosotras, y hemos ya entrado muy más dentro a otras moradas secretas del castillo, si por nuestra culpa tornásemos a salir a estas barahúndas, como por nuestros pecados debe haber muchas personas, que las ha hecho Dios mercedes y por su culpa las echan a esta miseria? Acá libres estamos en lo exterior; en lo interior plega al Señor que lo estemos y nos libre. Guardaos, hijas mías, de cuidados ajenos. Mirad que en pocas moradas de este castillo dejan de combatir los demonios. Verdad es que en algunas tienen fuerza las guardas para pelear —como creo he dicho que son las potencias–, mas es mucho menester no nos descuidar para entender sus ardides y que no nos engañe, hecho ángel de luz; que hay una multitud de cosas con que nos puede hacer daño entrando poco a poco, y hasta haberle hecho no le entendemos.

Ya os dije otra vez que es como una lima sorda, que hemos menester entenderle a los principios. Quiero decir alguna cosa para dároslo mejor a entender.

Pone en una hermana unos ímpetus de penitencia, que le parece no tiene descanso sino cuando se está atormentando. Este principio bueno es; mas si la priora ha mandado que no hagan penitencia sin licencia, y le hace parecer que en cosa tan buena bien se puede atrever, y escondidamente se da tal vida que viene a perder la salud y no hacer lo que manda su Regla, ya veis en qué paró este bien.

Pone a otra un celo de la perfección muy grande. Esto muy bueno es; mas podría venir de aquí que cualquier faltita de las hermanas le pareciese una gran quiebra, y un cuidado de mirar si las hacen, y acudir a la priora; y aun a las veces podría ser no ver las suyas por el gran celo que tiene de la religión. Como las otras no entienden lo interior y ven el cuidado, podría ser no lo tomar tan bien.

Lo que aquí pretende el demonio no es poco: que es enfriar la caridad y el amor de unas con otras, que sería gran daño. Entendamos, hijas mías, que la perfección verdadera es amor de Dios y del prójimo, y mientras con más perfección guardáremos estos dos mandamientos, seremos más perfectas. Toda nuestra Regla y Constituciones no sirven de otra cosa sino de medios para guardar esto con más perfección. Dejémonos de celos indiscretos, que nos pueden hacer mucho daño. Cada una se mire a sí.

Porque en otra parte os he dicho harto sobre esto, no me alargaré.

Importa tanto este amor de unas con otras, que nunca querría que se os olvidase; porque de andar mirando en las otras unas naderías, que a las veces no será imperfección, sino, como sabemos poco, quizá lo echaremos a la peor parte, puede el alma perder la paz y aun inquietar la de las otras: mirad si costaría caro la perfección. También podría el demonio poner esta tentación con la priora, y sería más peligrosa. Para esto es menester mucha discreción; porque, si fuesen cosas que van contra la Regla y Constitución, es menester que no todas veces se eche a buena parte, sino avisarla, y si no se enmendare, al prelado. Esto es caridad. Y también con las hermanas, si fuese alguna cosa grave; y dejarlo todo por miedo si es tentación, sería la misma tentación. Mas hase de advertir mucho (porque no nos engañe el demonio) no lo tratar una con otra, que de aquí puede sacar el demonio gran ganancia y comenzar costumbre de murmuración; sino con quien ha de aprovechar, como tengo dicho. Aquí, gloria a Dios, no hay tanto lugar, como se guarda tan continuo silencio; mas bien es que estemos sobre aviso.

MORADAS SEGUNDAS

CAPÍTULO ÚNICO

Ahora vengamos a hablar cuáles serán las almas que entran a las segundas moradas y qué hacen en ellas. Querría deciros poco, porque lo he dicho en otras partes bien largo, y será imposible dejar de tornar a decir otra vez mucho de ello, porque cosa no se me acuerda de lo dicho; que si lo supiera guisar de diferentes maneras, bien sé que no os enfadaríais, como nunca nos cansamos de los libros que tratan de esto, con ser muchos.

Es de los que han ya comenzado a tener oración y entendido lo que les importa no se quedar en las primeras moradas, mas no tienen aún determinación para dejar muchas veces de estar en ella, porque no dejan las ocasiones, que es harto peligro. Mas harta misericordia es que algún rato procuren huir de las culebras y cosas emponzoñosas, y entender que es bien dejarlas.

Estos, en parte, tienen harto más trabajo que los primeros, aunque no tanto peligro, porque ya parece los entienden, y hay gran esperanza de que entrarán más adentro. Digo que tienen más trabajo, porque los primeros son como mudos que no oyen, y así pasan mejor su trabajo de no hablar, lo que no pasarían, sino muy mayor, los que oyesen y no pudiesen hablar. Mas no por eso se desea más lo de los que no oyen, que en fin es gran cosa entender lo que nos dicen. Así éstos entienden los llamamientos que les hace el Señor; porque, como van entrando más cerca de donde está Su Majestad, es muy buen vecino, y tanta su misericordia y bondad, que aun estándonos en nuestros pasatiempos y negocios y contentos y baraterías del mundo, y aun cayendo y levantando en pecados (porque estas bestias son tan ponzoñosas y peligrosa su compañía y bulliciosas que por maravilla dejarán de tropezar en ellas para caer), con todo esto, tiene en tanto este Señor nuestro que le queramos y procuremos su compañía, que una vez u otra no nos deja de llamar para que nos acerquemos a él; y es esta voz tan dulce que se deshace la pobre alma en no hacer luego lo que le manda; y así –como digo– es más trabajo que no lo oír.

No digo que son estas voces y llamamientos como otras que diré después sino con palabras que oyen a gente buena o sermones o con lo que leen en buenos libros y cosas muchas que habéis oído, por donde llama Dios, o enfermedades, trabajos, y también con una verdad que enseña en aquellos ratos que estamos en la oración; sea cuan flojamente quisiereis, tiénelos Dios en mucho. Y vosotras, hermanas, no tengáis en poco esta primera merced ni os desconsoléis aunque no respondáis luego al Señor, que bien sabe Su Majestad aguardar muchos días y años, en especial cuando ve perseverancia y buenos deseos. Esta es lo más necesario aquí, porque con ella jamás se deja de ganar mucho. Mas es terrible la batería que aquí dan los demonios de mil maneras y con más pena del alma que aun en la pasada ; porque acullá estaba muda y sorda, al menos oía muy poco y resistía menos, como quien tiene en parte perdida la esperanza de vencer; aquí está el entendimiento más vivo y las potencias más hábiles: andan los golpes y la artillería de manera que no lo puede el alma dejar de oír. Porque aquí es el representar los demonios estas culebras de las cosas del mundo y el hacer los contentos de él casi eternos, la estima en que está tenido en él, los amigos y parientes, la salud en las cosas de penitencia (que siempre comienza el alma que entra en esta morada a desear hacer alguna), y otras mil maneras de impedimentos.

¡Oh Jesús, qué es la barahúnda que aquí ponen los demonios, y las aflicciones de la pobre alma, que no sabe si pasar adelante o tornar a la primera pieza! Porque la razón, por otra parte, le representa el engaño que es pensar que todo esto vale nada en comparación de lo que pretende; la fe la enseña cuál es lo que le cumple; la memoria le representa en lo que paran todas estas cosas, trayéndole presente la muerte de los que mucho gozaron estas cosas que ha visto: cómo algunas ha visto súbitas, cuán presto son olvidados de todos, cómo ha visto a algunos que conoció en gran prosperidad pisar debajo de la tierra y aun pasado por la sepultura él muchas veces, y mirar que están en aquel cuerpo hirviendo muchos gusanos, y otras hartas cosas que le puede poner delante; la voluntad se inclina a amar adonde tan innumerables cosas y muestras ha visto de amor, y querría pagar alguna: en especial se le pone delante cómo nunca se quita de con él este verdadero Amador, acompañándole, dándole vida y ser. Luego el entendimiento acude con darle a entender que no puede cobrar mejor amigo, aunque viva muchos años; que todo el mundo está lleno de falsedad, y estos contentos que le pone el demonio, de trabajos y cuidados y contradicciones; y le dice que esté cierto que fuera de este castillo no hallará seguridad ni paz;

que se deje de andar por casas ajenas, pues la suya es tan llena de bienes, si la quiere gozar; que quién hay que halle todo lo que ha menester como en su casa, en especial teniendo tal huésped que le hará señor de todos los bienes, si él quiere no andar perdido, como el hijo pródigo, comiendo manjar de puercos.

Razones son éstas para vencer los demonios. Mas ¡oh Señor y Dios mío! que la costumbre en las cosas de vanidad y el ver que todo el mundo trata de esto, lo estraga todo. Porque está tan muerta la fe, que queremos más lo que vemos que lo que ella nos dice; y a la verdad, no vemos sino harta malaventura en los que se van tras estas cosas visibles. Mas eso han hecho estas cosas ponzoñosas que tratamos: que, como si a uno muerde una víbora se emponzoña todo y se hincha, así es acá; no nos guardamos; claro está que es menester muchas curas para sanar; y harta merced nos hace Dios si no morimos de ello. Cierto, pasa el alma aquí grandes trabajos; en especial si entiende el demonio que tiene aparejo en su condición y costumbres para ir muy adelante, todo el infierno juntará para hacerle tornar a salir fuera.

¡Oh Señor mío!, aquí es menester vuestra ayuda, que sin ella no se puede hacer nada. Por vuestra misericordia no consintáis que esta alma sea engañada para dejar lo comenzado. Dadle luz para que vea cómo está en esto todo su bien, y para que se aparte de malas compañías, que grandísima cosa es tratar con los que tratan de esto; allegarse no sólo a los que viere en estos aposentos que él está, sino a los que entendiere que han entrado a los de más cerca; porque le será gran ayuda, y tanto los puede conversar, que le metan consigo. Siempre esté con aviso de no se dejar vencer; porque si el demonio le ve con una gran determinación de que antes perderá la vida y el descanso y todo lo que le ofrece que tornar a la pieza primera, muy más presto le dejará.

Sea varón y no de los que se echaban a beber de bruces, cuando iban a la batalla, no me acuerdo con quién, sino que se determine que va a pelear con todos los demonios y que no hay mejores armas que las de la cruz.

Aunque otras veces he dicho esto, importa tanto que lo torno a decir aquí: es que no se acuerde que hay regalos en esto que comienza, porque es muy baja manera de comenzar a labrar un tan precioso y grande edificio; y si comienzan sobre arena, darán con todo en el suelo; nunca acabarán de andar disgustados y tentados. Porque no son éstas las moradas adonde se llueve el maná; están más adelante, adonde todo sabe a lo que quiere un alma, porque no quiere sino lo que quiere Dios.

Es cosa donosa que aún nos estamos con mil embarazos e imperfecciones y las virtudes que aun no saben andar, sino que ha poco que comenzaron a nacer, y aun plega a Dios estén comenzadas, ¿y no habemos vergüenza de querer gustos en la oración y quejarnos de sequedades? Nunca os acaezca, hermanas; abrazaos con la cruz que vuestro Esposo llevó sobre sí y entended que ésta ha de ser vuestra empresa; la que más pudiere padecer, que padezca más por él, y será la mejor librada. Lo demás, como cosa accesoria, si os lo diere el Señor dadle muchas gracias.

Pareceros ha que para los trabajos exteriores bien determinadas estáis, con que os regale Dios en lo interior. Su Majestad sabe mejor lo que nos conviene; no hay para qué le aconsejar lo que nos ha de dar, que nos puede con razón decir que no sabemos lo que pedimos. Toda la pretensión de quien comienza oración (y no se os olvide esto, que importa mucho) ha de ser trabajar y determinarse y disponerse con cuantas diligencias pueda a hacer su voluntad conformar con la de Dios; y –como diré después–

estad muy cierta que en esto consiste toda la mayor perfección que se puede alcanzar en el camino espiritual: quien más perfectamente tuviere esto, más recibirá del Senor y más adelante está en este camino. No penséis que hay aquí más algarabías ni cosas no sabidas y entendidas, que en esto consiste todo nuestro bien. Pues si erramos en el principio, queriendo luego que el Señor haga la nuestra y que nos lleve como imaginamos, ¿qué firmeza puede llevar este edificio? Procuremos hacer lo que es en nosotros y guardarnos de estas sabandijas ponzoñosas; que muchas veces quiere el Señor que nos persigan malos pensamientos y nos aflijan, sin poderlos echar de nosotros, y sequedades; y aun algunas veces permite que nos muerdan, para que nos sepamos mejor guardar después y para probar si nos pesa mucho de haberle ofendido.

Por eso, no os desaniméis, si alguna vez cayereis, para dejar de procurar ir adelante; que aun de esa caída sacará Dios bien, como hace el que vende la triaca, para probar si es buena, que bebe la ponzoña primero. Cuando no viésemos en otra cosa nuestra miseria y el gran daño que nos hace andar derramados, sino en esta batería que se pasa para tornarnos a recoger, bastaba. ¿Puede ser mayor mal que no nos hallemos en nuestra misma casa? ¿Qué esperanza podemos tener de hallar sosiego en otras cosas, pues en las propias no podemos sosegar? Sino que tan grandes y verdaderos amigos y parientes y con quien siempre, aunque no queramos, hemos de vivir, como son las potencias, ésas parece nos hacen la guerra, como sentidas de las que a ellas les han hecho nuestros vicios. ¡Paz, paz!, hermanas mías, dijo el Señor, y amonestó a sus Apóstoles tantas veces. Pues creeme, que si no la tenemos y procuramos en nuestra casa, que no la hallaremos en los extraños. Acábese ya esta guerra; por la sangre que derramó por nosotros lo pido yo a los que no han comenzado a entrar en sí; y a los que han comenzado, que no baste para hacerlos tornar atrás. Miren que es peor la recaída que la caída; ya ven su pérdida; confíen en la misericordia de Dios y nonada en sí, y verán cómo Su Majestad le lleva de unas moradas a otras y le mete en la tierra adonde estas fieras ni le puedan tocar ni cansar, sino que él las sujete a todas y burle de ellas, y goce de muchos más bienes que podría desear, aun en esta vida digo.

Porque –como dije al principio–, os tengo escrito cómo os habéis de haber en estas turbaciones que aquí pone el demonio, y cómo no ha de ir a fuerza de brazos el comenzarse a recoger, sino con suavidad, para que podáis estar más continuamente, no lo diré aquí, más de que, de mi parecer hace mucho al caso tratar con personas experimentadas; porque en cosas que son necesario hacer, pensaréis que hay gran quiebra. Como no sea el dejarlo, todo lo guiará el Señor a nuestro provecho, aunque no hallemos quien nos enseñe; que para este mal no hay remedio si no se torna a comenzar, sino ir perdiendo poco a poco cada día más el alma, y aun plega a Dios que lo entienda.

Podría alguna pensar que si tanto mal es tornar atrás, que mejor será nunca comenzarlo, sino estarse fuera del castillo. Ya os dije al principio, y el mismo Señor lo dice, que quien anda en el peligro en él perece, y que la puerta para entrar en este castillo es la oración. Pues pensar que hemos de entrar en el cielo y no entrar en nosotros, conociéndonos y considerando nuestra miseria y lo que debemos a Dios y pidiéndole muchas veces misericordia, es desatino. El mismo Señor dice: *Ninguno subirá a mi Padre, sino por mí*; no sé si dice así, creo que sí; y *quien me ve a mí, ve a mi Padre*. Pues si nunca le miramos ni consideramos lo que le debemos y la muerte que pasó por nosotros, no sé cómo le podemos conocer ni hacer obras en su servicio; porque la fe sin ellas y sin ir llegadas al valor de los merecimientos de Jesucristo, bien nuestro, ¿qué valor pueden tener? ¿Ni quién nos despertará a amar a este Señor?

Plega a Su Majestad nos dé a entender lo mucho que le costamos y cómo no es más el siervo que el Señor, y que hemos menester obrar para gozar su gloria, y que para esto nos es necesario orar para no andar siempre en tentación.

MORADAS TERCERAS

CAPÍTULO UNO

A los que por la misericordia de Dios han vencido estos combates, y con la perseverancia entrado a las terceras moradas, ¿qué les diremos sino bienaventurado el varón que teme al Señor? No ha sido poco hacer Su Majestad que entienda yo ahora qué quiere decir el romance de este verso a este tiempo, según soy torpe en este caso. Por cierto, con razón le llamaremos bienaventurado, pues si no torna atrás, a lo que podemos entender lleva camino seguro de su salvación. Aquí veréis, hermanas, lo que importa vencer las batallas pasadas; porque tengo por cierto que nunca deja el Señor de ponerle en seguridad de conciencia, que no es poco bien. Digo en seguridad, y dije mal, que no la hay en esta vida, y por eso siempre entended que digo «si no torna a dejar el camino comenzado».

Harto gran miseria es vivir en vida que siempre hemos de andar como los que tienen los enemigos a la puerta, que ni pueden dormir ni comer sin armas, y siempre con sobresalto si por alguna parte pueden desportillar esta fortaleza. ¡Oh Señor mío y bien mío!, ¿cómo queréis que se desee vida tan miserable, que no es posible dejar de querer y pedir nos saquéis de ella si no es con esperanza de perderla por Vos o gastarla muy de veras en vuestro servicio, y sobre todo entender que es vuestra voluntad? Si lo es, Dios mío, muramos con Vos, como dijo Santo Tomás, que no es otra cosa sino morir muchas veces vivir sin Vos y con estos temores de que puede ser posible perderos para siempre. Por eso digo, hijas, que la bienaventuranza que hemos de pedir es estar ya en seguridad con los bienaventurados; que con estos temores, ¿qué contento puede tener quien todo su contento es contentar a Dios? Y considerad que éste, y muy mayor, tenían algunos santos que cayeron en graves pecados; y no tenemos seguro que nos dará Dios la mano para salir de ellos y hacer la penitencia que ellos (entiéndese del auxilio particular).

Por cierto, hijas mías, que estoy con tanto temor escribiendo esto, que no sé cómo lo escribo ni cómo vivo cuando se me acuerda, que es muy muchas veces. Pedidle, hijas mías, que viva Su Majestad en mí siempre; porque si no es así, ¿qué seguridad puede tener una vida tan mal gastada como la mía? Y no os pese de entender que esto es así, como algunas veces lo he visto en vosotras cuando os lo digo, y procede de que quisierais que hubiera sido muy santa, y tenéis razón: también lo quisiera yo; mas ¡qué tengo de hacer si lo perdí por sola mi culpa! Que no me quejaré de Dios que dejó de darme bastantes ayudas para que se cumplieran vuestros deseos; que no puedo decir esto sin lágrimas y gran confusión de ver que escriba yo cosa para las que me pueden enseñar a mí. ¡Recia obediencia ha sido! Plega al Señor que, pues se hace por él, sea para que os aprovechéis de algo porque le pidáis perdone a esta miserable atrevida. Mas bien sabe Su Majestad que solo puedo presumir de su misericordia, y ya que no puedo dejar de ser la que he sido, no tengo otro remedio, sino llegarme a ella y confiar en los méritos de su Hijo y de la Virgen, Madre suya, cuyo hábito indignamente traigo y traéis vosotras. Alabadle, hijas mías, que lo sois de esta Señora verdaderamente; y así no tenéis para qué os afrentar de que sea yo ruin, pues tenéis tan buena madre. Imitadla y considerad qué tal debe ser la grandeza de esta Señora y el bien de tenerla por patrona, pues no han bastado mis pecados y ser la que soy para deslustrar en nada esta sagrada Orden.

Mas una cosa os aviso: que no por ser tal y tener tal madre estéis seguras, que muy santo era David, y ya veis lo que fue Salomón; ni hagáis caso del encerramiento y penitencia en que vivís, ni os asegure el tratar siempre de Dios y ejercitaros en la oración tan continuo y estar tan retiradas de las cosas del mundo y tenerlas a vuestro parecer aborrecidas. Bueno es todo esto, mas no basta –como he dicho– para que dejemos de temer; y así continuad este verso y traedle en la memoria muchas veces: *Beatus vir, qui timet Dominum.*

Ya no sé lo que decía, que me he divertido mucho y, en acordándome de mí, se me quiebran las alas para decir cosa buena; y así lo quiero dejar por ahora.

Tornando a lo que os comencé a decir de las almas que han entrado a las terceras moradas, que no las ha hecho el Señor pequeña merced en que hayan pasado las primeras dificultades, sino muy grande. De éstas, por la bondad del Señor, creo hay muchas en el mundo: son muy deseosas de no ofender a Su Majestad, aun de los pecados veniales se guardan, y de hacer penitencia amigas, sus horas de recogimiento, gastan bien el tiempo, ejercítanse en obras de caridad con los prójimos, muy concertadas en su hablar y vestir y gobierno de casa, los que las tienen. Cierto, estado para desear y que, al parecer, no hay por qué se les niegue la entrada hasta la postrera morada ni se la negará el Señor, si ellos quieren, que linda disposición es para que les haga toda merced.

¡Oh Jesús!, ¿y quién dirá que no quiere un tan gran bien, habiendo ya en especial pasado por lo más trabajoso? No, ninguna. Todas decimos que lo queremos; mas como aun es menester más para que del todo posea el Señor el alma, no basta decirlo, como no bastó al mancebo cuando le dijo el Señor que si quería ser perfecto. Desde que comencé a hablar en estas moradas le traigo delante; porque somos así al pie de la letra, y lo más ordinario vienen de aquí las grandes sequedades en la oración, aunque también hay otras causas; y dejo unos trabajos interiores que tienen muchas almas buenas, intolerables y muy sin culpa suya, de los cuales siempre las saca el Señor con mucha ganancia, y de las que tienen melancolía y otras enfermedades. En fin, en todas las cosas hemos de dejar aparte los juicios de Dios. De lo que yo tengo para mí que es lo más ordinario es lo que he dicho ; porque como estas almas se ven que por ninguna cosa harían un pecado, y muchas que aun venial de advertencia no le harían, y que gastan bien su vida y su hacienda, no pueden poner a paciencia que se les cierre la puerta para entrar adonde está nuestro Rey, por cuyos vasallos se tienen y lo son. Mas aunque acá tenga muchos el rey de la tierra, no entran todos hasta su cámara. Entrad, entrad, hijas mías, en lo interior; pasad adelante de vuestras obrillas, que por ser cristianas debéis todo eso y mucho más y os basta que seáis vasallas de Dios; no queráis tanto, que os quedéis sin nada. Mirad los santos que entraron a la cámara de este Rey, y veréis la diferencia que hay de ellos a nosotras. No pidáis lo que no tenéis merecido, ni había de llegar a nuestro pensamiento que por mucho que sirvamos lo hemos de merecer los que hemos ofendido a Dios.

¡Oh humildad, humildad! No sé qué tentación me tengo en este caso que no puedo acabar de creer a quien tanto caso hace de estas sequedades, sino que es un poco de falta de ella. Digo que dejo los trabajos grandes interiores que he dicho, que aquellos son mucho más que falta de devoción. Probémonos a nosotras mismas, hermanas mías, o pruébenos el Señor, que lo sabe bien hacer, aunque muchas veces no queremos entenderlo; y vengamos a estas almas tan concertadas, veamos qué hacen por Dios y luego veremos cómo no tenemos razón de quejarnos de Su Majestad. Porque si le volvemos las espaldas y nos vamos tristes, como el mancebo del Evangelio, cuando nos dice lo que hemos de hacer para ser perfectos, ¿qué queréis que haga Su Majestad, que ha de dar el premio conforme al amor que le tenemos? Y este amor, hijas, no ha de ser fabricado en nuestra imaginación, sino probado por obras; y no penséis que ha menester nuestras obras, sino la determinación de nuestra voluntad.

Parecernos ha que las que tenemos hábito de religión y le tomamos de nuestra voluntad y dejamos todas las cosas del mundo y lo que teníamos por él (aunque sea las redes de San Pedro, que harto le parece que da quien da lo que tiene), que ya está todo hecho. Harto buena disposición es, si persevera en aquello y no se torna a meter en las sabandijas de las primeras piezas, aunque sea con el deseo; que no hay duda sino que si persevera en esta desnudez y dejamiento de todo, que alcanzará lo que pretende. Mas ha de ser con condición, y mirad que os aviso de esto, que se tenga por siervo sin provecho –como dice San Pablo, o Cristo– y crea que no ha obligado a Nuestro Señor para que le haga semejantes mercedes; antes, como quien más ha recibido, queda más adeudado. ¿Qué podemos hacer por un Dios tan generoso que murió por nosotros y nos crio y da ser, que no nos tengamos por venturosos en que se vaya desquitando algo de lo que le debemos, por lo que nos ha servido (de mala gana dije esta palabra, mas ello es así que no hizo otra cosa todo lo que vivió en el mundo), sin que le pidamos mercedes de nuevo y regalos?

Mirad mucho, hijas, algunas cosas que aquí van apuntadas, aunque arrebujadas, que no lo sé más declarar. El Señor os lo dará a entender, para que saquéis de las sequedades humildad y no inquietud, que es lo que pretende el demonio; y creed que adonde la hay de veras, que, aunque nunca dé Dios regalos, dará una paz y conformidad con que anden más contentas que otros con regalos; que muchas veces –como habéis leído– los da la divina Majestad a los más flacos; aunque creo de ellos que no los trocarían por las fortalezas de los que andan con sequedad. Somos amigos de contentos más que de cruz. Pruébanos, tú, Señor, que sabes las verdades, para que nos conozcamos.

CAPÍTULO DOS

Yo he conocido algunas almas, y aun creo puedo decir hartas, de las que han llegado a este estado, y estado y vivido muchos años en esta rectitud y concierto, alma y cuerpo, a lo que se puede entender, y después de ellos que ya parece habían de estar señores del mundo, al menos bien desengañados de él, probarlos Su Majestad en cosas no muy grandes, y andar con tanta inquietud y apretamiento de corazón, que a mí me traían tonta y aun temerosa harto. Pues darles consejo no hay remedio, porque, como ha tanto que tratan de virtud, paréceles que pueden enseñar a otros y que les sobra razón en sentir aquellas cosas.

En fin, que yo no he hallado remedio ni le hallo para consolar a semejantes personas, si no es mostrar gran sentimiento de su pena (y a la verdad se tiene de verlos sujetos a tanta miseria), y no contradecir su razón; porque todas las conciertan en su pensamiento que por Dios las sienten, y así no acaban de entender que es imperfección; que es otro engaño para gente tan aprovechada;

que de que lo sientan, no hay que espantar, aunque a mi parecer había de pasar presto el sentimiento de cosas semejantes. Porque muchas veces quiere Dios que sus escogidos sientan su miseria, y aparta un poco su favor, que no es menester más, que a osadas que nos conozcamos bien presto. Y luego se entiende esta manera de probarlos, porque entienden ellos su falta muy claramente, y a las veces les da más pena esta de ver que, sin poder más, sienten cosas de la tierra y no muy pesadas, que lo mismo de que tienen pena. Esto téngolo yo por gran misericordia de Dios; y aunque es falta, muy gananciosa para la humildad.

En las personas que digo, no es así sino que canonizan –como he dicho– en sus pensamientos estas cosas, y así querrían que otros las canonizasen. Quiero decir alguna de ellas, porque nos entendamos y nos probemos a nosotras mismas antes que nos pruebe el Señor, que sería muy gran cosa estar apercibidas y habernos entendido primero.

Viene a una persona rica, sin hijos ni para quién querer la hacienda, una falta de ella, mas no es de manera que en lo que le queda le puede faltar lo necesario para sí y para su casa, y sobrado. Si esta anduviese con tanto desasosiego e inquietud como si no le quedara un pan que comer, ¿cómo ha de pedirle nuestro Señor que lo deje todo por él? Aquí entra el que lo siente porque lo quiere para los pobres. Yo creo que quiere Dios más que yo me conforme con lo que Su Majestad hace y, aunque lo procure, tenga quieta mi alma, que no esta caridad. Y ya que no lo hace, porque no ha llegádole el Señor a tanto, enhorabuena; mas entienda que le falta esta libertad de espíritu, y con esto se dispondrá para que el Señor se la dé, porque se la pedirá.

Tiene una persona bien de comer, y aun sobrado; ofrécesele poder adquirir más hacienda: tomarlo, si se lo dan, enhorabuena, pase; mas procurarlo y, después de tenerlo, procurar más y más, tenga cuan buena intención quisiere (que sí debe tener, porque –como he dicho– son estas personas de oración y virtuosas), que no hayan miedo que suban a las moradas más juntas al Rey.

De esta manera es si se les ofrece algo de que los desprecien o quiten un poco de honra; que, aunque les hace Dios merced de que lo sufran bien muchas veces (porque es muy amigo de favorecer la virtud en público porque no padezca la misma virtud en que están tenidos, y aun será porque le han servido, que es muy bueno este Bien nuestro), allá les queda una inquietud que no se pueden valer, ni acaba de acabarse tan presto. ¡Válgame Dios! ¿No son estos los que ha tanto que consideran cómo padeció el Señor y cuán bueno es padecer y aun lo desean? Querrían a todos tan concertados como ellos traen sus vidas, y plega a Dios que no piensen que la pena que tienen es de la culpa ajena y la hagan en su pensamiento meritoria.

Pareceros ha, hermanas, que hablo fuera de propósito y no con vosotras, porque estas cosas no las hay acá, que ni tenemos hacienda ni la queremos ni procuramos, ni tampoco nos injuria nadie. Por eso las comparaciones no es lo que pasa; mas sácase de ellas otras muchas cosas que pueden pasar, que ni sería bien señalarlas ni hay para qué. Por estas entenderéis si estáis bien desnudas de lo que dejasteis; porque cosillas se ofrecen, aunque no de esta suerte, en que os podéis muy bien probar y entender si estáis señoras de vuestras pasiones. Y creedme que no está el negocio en tener hábito de religión o no, sino en procurar ejercitar las virtudes y rendir nuestra voluntad a la de Dios en todo, y que el concierto de nuestra vida sea lo que Su Majestad ordenare de ella, y no queramos nosotras que se haga nuestra voluntad, sino la suya. Ya que no hayamos llegado aquí –como he dicho–

humildad, que es el ungüento de nuestras heridas; porque, si la hay de veras, aunque tarde algún tiempo, vendrá el cirujano, que es Dios, a sanarnos.

Las penitencias que hacen estas almas son tan concertadas como su vida; quiérenla mucho para servir a nuestro Señor con ella, que todo esto no es malo, y así tienen gran discreción en hacerlas porque no dañen a la salud. No hayáis miedo que se maten, porque su razón está muy en sí; no está aún el amor para sacar de razón; mas querría yo que la tuviésemos para no nos contentar con esta manera de servir a Dios, siempre a un paso paso, que nunca acabaremos de andar este camino. Y como a nuestro parecer siempre andamos y nos cansamos (porque creed que es un camino abrumador), harto bien será que no nos perdamos. Mas ¿paréceos, hijas, si yendo a una tierra desde otra pudiésemos llegar en ocho días, que sería bueno andarlo en un año por ventas y nieves y aguas y malos caminos? ¿No valdría más pasarlo de una vez? Porque todo esto hay y peligros de serpientes. ¡Oh qué buenas señas podré yo dar de esto! Y plega a Dios que haya pasado de aquí, que hartas veces me parece que no.

Como vamos con tanto seso, todo nos ofende, porque todo lo tememos; y así no osamos pasar adelante, como si pudiésemos nosotras llegar a estas moradas y que otros anduviesen el camino. Pues no es esto posible, esforcémonos, hermanas mías, por amor del Señor; dejemos nuestra razón y temores en sus manos; olvidemos esta flaqueza natural, que nos puede ocupar mucho. El cuidado de estos cuerpos ténganle los prelados; allá se avengan; nosotras de solo caminar a prisa para ver este Señor; que, aunque el regalo que tenéis es poco o ninguno, el cuidado de la salud nos podría engañar; cuánto más que no se tendrá más por esto, yo lo sé; y también sé que no está el negocio en lo que toca al cuerpo, que esto es lo menos; que el caminar que digo es con una grande humildad; que si habéis entendido, aquí creo está el daño de las que no van adelante; sino que nos parezca que hemos andado pocos pasos y lo creamos así, y los que andan nuestras hermanas nos parezcan muy presurosos, y no solo deseemos sino que procuremos nos tengan por la más ruin de todas.

Y con esto este estado es excelentísimo; y si no, toda nuestra vida nos estaremos en él y con mil penas y miserias. Porque, como no hemos dejado a nosotras mismas, es muy trabajoso y pesado; porque vamos muy cargadas de esta tierra de nuestra miseria, lo que no van los que suben a los aposentos que faltan. En estos no deja el Señor de pagar como justo, y aun como misericordioso, que siempre da mucho más que merecemos, con darnos «contentos» harto mayores que los podemos tener en los que dan los regalos y distraimientos de la vida; mas no pienso que da muchos «gustos» si no es alguna vez, para convidarlos con ver lo que pasa en las demás moradas, porque se dispongan para entrar en ellas.

Pareceros ha que contentos y gustos todo es uno, que para qué hago esta diferencia en los nombres. A mí paréceme que la hay muy grande; ya me puedo engañar. Diré lo que en esto entendiere en las moradas cuartas que vienen tras estas ; porque como se habrá de declarar algo de los gustos que allí da el Señor, viene mejor, y aunque parece sin provecho, podrá ser de alguno, para que, entendiendo lo que es cada cosa, podáis esforzaros a seguir lo mejor; y es mucho consuelo para las almas que Dios llega allí y confusión para las que les parece que lo tienen todo, y si son humildes moverse han a hacimiento de gracias; si hay alguna falta de esto, darles ha un desabrimiento interior y sin propósito; pues no está la perfección en los gustos, sino en quien ama más, y el premio lo mismo, y en quien mejor obrare con justicia y verdad.

Pareceros ha que de qué sirve tratar de estas mercedes interiores y dar a entender cómo son, si es esto verdad, como lo es. Yo no lo sé; pregúntese a quien me lo manda escribir, que yo no soy obligada a disputar con los superiores, sino a obedecer, ni sería bien hecho. Lo que os puedo decir con verdad es que, cuando yo no tenía ni aún sabía por experiencia ni pensaba saberlo en mi vida (y con razón, que harto contento fuera para mí saber o por conjeturas entender que agradaba a Dios en algo), cuando leía en los libros de estas mercedes y consuelos que hace el Señor a las almas que le sirven, me le daba grandísimo y era motivo para que mi alma diese grandes alabanzas a Dios.

Pues si la mía, con ser tan ruin, hacía esto, las que son buenas y humildes le alabarán mucho más; y por sola una que le alabe una vez es muy bien que se diga, a mi parecer, y que entendamos el contento y deleites que perdemos por nuestra culpa. Cuánto más que si son de Dios vienen cargados de amor y fortaleza, con que se puede caminar más sin trabajo e ir creciendo en las obras y virtudes. No penséis que importa poco que no quede por nosotros, que cuando no es nuestra la falta, justo es el Señor, y Su Majestad os dará por otros caminos lo que os quita por este por lo que Su Majestad sabe, que son muy ocultos sus secretos ; al menos será lo que más nos conviene, sin duda ninguna.

Lo que me parece nos haría mucho provecho a las que por la bondad del Señor están en este estado –que, como he dicho, no les hace poca misericordia, porque están muy cerca de subir a más–, es estudiar mucho en la prontitud de la obediencia; y aunque no sean religiosos, sería gran cosa –como lo hacen muchas personas– tener a quien acudir para no hacer en nada su voluntad, que es lo ordinario en que nos dañamos; y no buscar otro de su humor, como dicen, que vaya con tanto tiento en todo, sino procurar quien esté con mucho desengaño de las cosas del mundo, que en gran manera aprovecha tratar con quien ya le conoce para conocernos, y porque algunas cosas que nos parecen imposibles, viéndolas en otros tan posibles y con la suavidad que las llevan, anima mucho y parece que con su vuelo nos atrevemos a volar, como hacen los hijos de las aves cuando se enseñan, que aunque no es de presto dar un gran vuelo, poco a poco imitan a sus padres. En gran manera aprovecha esto, yo lo sé.

Acertarán –por determinadas que estén en no ofender al Señor personas semejantes– no se meter en ocasiones de ofenderle; porque como están cerca de las primeras moradas, con facilidad se podrán tornar a ellas; porque su fortaleza no está fundada en tierra firme, como los que están ya ejercitados en padecer, que conocen las tempestades del mundo, cuán poco hay que temerlas ni que desear sus contentos, y sería posible con una persecución grande volverse a ellos, que sabe bien urdirlas el demonio para hacernos mal, y que yendo con buen celo, queriendo quitar pecados ajenos, no pudiese resistir lo que sobre esto se le podría suceder.

Miremos nuestras faltas y dejemos las ajenas, que es mucho de personas tan concertadas espantarse de todo; y por ventura de quien nos espantamos podríamos bien deprender en lo principal; y en la compostura exterior y en su manera de trato le hacemos ventajas; y no es esto lo de más importancia, aunque es bueno, ni hay para qué querer luego que todos vayan por nuestro camino, ni ponerse a enseñar el del espíritu quien por ventura no sabe qué cosa es; que con estos deseos que nos da Dios, hermanas, del bien de las almas podemos hacer muchos yerros; y así es mejor llegarnos a lo que dice nuestra Regla: «En silencio y esperanza procurar vivir siempre», que el Señor tendrá cuidado de sus almas. Como no nos descuidemos nosotras en suplicarlo a Su Majestad, haremos harto provecho con su favor. Sea por siempre bendito.

MORADAS CUARTAS

CAPÍTULO UNO

Para comenzar a hablar de las cuartas moradas bien he menester lo que he hecho, que es encomendarme al Espíritu Santo y suplicarle de aquí adelante hable por mí, para decir algo de las que quedan de manera que lo entendáis; porque comienzan a ser cosas sobrenaturales, y es dificultosísimo de dar a entender, si Su Majestad no lo hace, como en otra parte que se escribió hasta donde yo había entendido, catorce años ha, poco más o menos. Aunque un poco más luz me parece tengo de estas mercedes que el Señor hace a algunas almas, es diferente el saberlas decir. Hágalo Su Majestad si se ha de seguir algún provecho, y si no, no.

Como ya estas moradas se llegan más adonde está el Rey, es grande su hermosura y hay cosas tan delicadas que ver y que entender, que el entendimiento no es capaz para poder dar traza cómo se diga siquiera algo que venga tan al justo que no quede bien oscuro para los que no tienen experiencia; que quien la tiene muy bien lo entenderá, en especial si es mucha.

Parecerá que para llegar a estas moradas se ha de haber vivido en las otras mucho tiempo; y aunque lo ordinario es que se ha de haber estado en la que acabamos de decir, no es regla cierta, como ya habréis oído muchas veces; porque da el Señor cuando quiere y como quiere y a quien quiere, como bienes suyos, que no hace agravio a nadie.

En estas moradas pocas veces entran las cosas ponzoñosas, y si entran no hacen daño, antes dejan con ganancia. Y tengo por muy mejor cuando entran y dan guerra en este estado de oración; porque podría el demonio engañar, a vueltas de los gustos que da Dios, si no hubiese tentaciones, y hacer mucho más daño que cuando las hay, y no ganar tanto el alma, por lo menos apartando todas las cosas que la han de hacer merecer, y dejarla en un embebecimiento ordinario. Que cuando lo es en un ser, no le tengo por seguro ni me parece posible estar en un ser el espíritu del Señor en este destierro.

Pues hablando de lo que dije que diría aquí, de la diferencia que hay entre contentos en la oración o gustos, los contentos me parece a mí se pueden llamar los que nosotros adquirimos con nuestra meditación y peticiones a nuestro Señor, que procede de nuestro natural, aunque en fin ayuda para ello Dios, que hase de entender en cuanto dijere que no podemos nada sin él ; mas nacen de la misma obra virtuosa que hacemos y parece a nuestro trabajo lo hemos ganado, y con razón nos da contento habernos empleado en cosas semejantes. Mas, si lo consideramos, los mismos contentos tendremos en muchas cosas que nos pueden suceder en la tierra: así en una gran hacienda que de presto se provea a alguno; como de ver una persona que mucho amamos, de presto; como de haber acertado en un negocio importante y cosa grande, de que todos dicen bien; como si a alguna le han dicho que es muerto su marido o hermano o hijo y le ve venir vivo. Yo he visto derramar lágrimas de un gran contento, y aun me ha acaecido alguna vez. Paréceme a mí que así como estos contentos son naturales, así en los que nos dan las cosas de Dios, sino que son de linaje más noble, aunque estotros no eran tampoco malos. En fin, comienzan de nuestro natural mismo y acaban en Dios.

Los gustos comienzan de Dios y siéntelos el natural y goza tanto de ellos como gozan los que tengo dichos y mucho más. ¡Oh Jesús, y qué deseo tengo de saber declararme en esto!; porque entiendo, a mi parecer, muy conocida diferencia y no alcanza mi saber a darme a entender. Hágalo el Señor.

Ahora me acuerdo en un verso que decimos a Prima, al fin del postrer salmo, que al cabo del verso dice: *Cum dilatasti cor meum*. A quien tuviere mucha experiencia, esto le basta para ver la diferencia que hay de lo uno a lo otro; a quien no, es menester más. Los contentos que están dichos no ensanchan el corazón, antes lo más ordinariamente parece aprietan un poco, aunque con contento todo de ver que se hace por Dios; mas vienen unas lágrimas congojosas, que en alguna manera parece las mueve la pasión. Yo sé poco de estas pasiones del alma –que quizá me diera a entender–, y lo que procede de la sensualidad y de nuestro natural, porque soy muy torpe; que yo me supiera declarar, si como he pasado por ello lo entendiera. Gran cosa es el saber y las letras para todo.

Lo que tengo de experiencia de este estado, digo de estos regalos y contentos en la meditación, es que si comenzaba a llorar por la Pasión, no sabía acabar hasta que se me quebraba la cabeza; si por mis pecados, lo mismo. Harta merced me hacía nuestro Señor, que no quiero yo ahora examinar cuál es mejor lo uno o lo otro, sino la diferencia que hay de lo uno a lo otro querría saber decir. Para estas cosas algunas veces van estas lágrimas y estos deseos ayudados del natural y como está la disposición; mas, en fin, como he dicho, vienen a parar en Dios, aunque sea esto. Y es de tener en mucho, si hay humildad para entender que no son mejores por eso; porque no se puede entender si son todos efectos del amor, y cuando sea, es dado de Dios.

Por la mayor parte, tienen estas devociones las almas de las moradas pasadas, porque van casi continuo con obra de entendimiento, empleadas en discurrir con el entendimiento y en meditación; y van bien, porque no se les ha dado más, aunque acertarían en ocuparse un rato en hacer actos, y en alabanzas de Dios, y holgarse de su bondad, y que sea el que es, y en desear su honra y gloria. Esto como pudiere, porque despierta mucho la voluntad. Y estén con gran aviso cuando el Señor les diere estotro no lo dejar por acabar la meditación que se tiene de costumbre.

Porque me he alargado mucho en decir esto en otras partes no lo diré aquí. Solo quiero que estéis advertidas que, para aprovechar mucho en este camino y subir a las moradas que deseamos, no está la cosa en pensar mucho, sino en amar mucho ; y así lo que más os despertare a amar, eso haced. Quizá no sabemos qué es amar, y no me espantaré mucho; porque no está en el mayor gusto, sino en la mayor determinación de desear contentar en todo a Dios y procurar, en cuanto pudiéremos, no le ofender, y rogarle que vaya siempre adelante la honra y gloria de su Hijo y el aumento de la Iglesia Católica. Estas son las señales del amor, y no penséis que está la cosa en no pensar otra cosa, y que si os divertís un poco va todo perdido.

Yo he andado en esto de esta barahúnda del pensamiento bien apretada algunas veces, y habrá poco más de cuatro años que vine a entender por experiencia que el pensamiento (o imaginación, porque mejor se entienda) no es el entendimiento, y preguntelo a un letrado y díjome que era así, que no fue para mí poco contento. Porque, como el entendimiento es una de las potencias del alma, hacíaseme recia cosa estar tan tortolito a veces, y lo ordinario vuela el pensamiento de presto, que solo Dios puede atarle, cuando nos ata a Sí de manera que parece estamos en alguna manera desatados de este cuerpo. Yo veía, a mi parecer, las potencias del alma empleadas en Dios y estar recogidas con él, y por otra parte el pensamiento alborotado: traíame tonta.

¡Oh Señor, tomad en cuenta lo mucho que pasamos en este camino por falta de saber! Y es el mal que, como no pensamos que hay que saber más de pensar en Vos, aun no sabemos preguntar a los que saben ni entendemos qué hay que preguntar, y pásanse terribles trabajos, porque no nos entendemos, y lo que no es malo, sino bueno, pensamos que es mucha culpa. De aquí proceden las aflicciones de mucha gente que trata de oración y el quejarse de trabajos interiores, a lo menos mucha parte en gente que no tiene letras, y vienen las melancolías y a perder la salud y aun a dejarlo del todo, porque no consideran que hay un mundo interior acá dentro; y así como no podemos tener el movimiento del cielo, sino que anda a prisa con toda velocidad, tampoco podemos tener nuestro pensamiento, y luego metemos todas las potencias del alma con él y nos parece que estamos perdidas y gastado mal el tiempo que estamos delante de Dios; y estase el alma por ventura toda junta con él en las moradas muy cercanas, y el pensamiento en el arrabal del castillo padeciendo con mil bestias fieras y ponzoñosas y mereciendo con este padecer; y así, ni nos ha de turbar ni lo hemos de dejar, que es lo que pretende el demonio. Y por la mayor parte, todas las inquietudes y trabajos vienen de este no nos entender.

Escribiendo esto, estoy considerando lo que pasa en mi cabeza del gran ruido de ella que dije al principio, por donde se me hizo casi imposible poder hacer lo que me mandaban de escribir. No parece sino que están en ella muchos ríos caudalosos, y por otra parte, que estas aguas se despeñan; muchos pajarillos y silbos, y no en los oídos, sino en lo superior de la cabeza, adonde dicen que está lo superior del alma. Y yo estuve en esto harto tiempo, por parecer que el movimiento grande del espíritu hacia arriba subía con velocidad. Plega a Dios que se me acuerde en las moradas de adelante decir la causa de esto, que aquí no viene bien, y no será mucho que haya querido el Señor darme este mal de cabeza para entenderlo mejor; porque con toda esta barahúnda de ella, no me estorba a la oración ni a lo que estoy diciendo, sino que el alma se está muy entera en su quietud y amor y deseos y claro conocimiento.

Pues si en lo superior de la cabeza está lo superior del alma, ¿cómo no la turba? Eso no lo sé yo; mas sé que es verdad lo que digo. Pena da cuando no es la oración con suspensión, que entonces hasta que se pasa no se siente ningún mal; mas harto mal fuera si por este impedimento lo dejara yo todo. Y así no es bien que por los pensamientos nos turbemos ni se nos dé nada; que si los pone el demonio, cesará con esto; y si es, como lo es, de la miseria que nos quedó del pecado de Adán con otras muchas, tengamos paciencia y sufrámoslo por amor de Dios, pues estamos también sujetas a comer y dormir, sin poderlo excusar, que es harto trabajo.

Conozcamos nuestra miseria, y deseemos ir adonde «nadie nos menosprecia»; que algunas veces me acuerdo haber oído esto que dice la Esposa en los Cantares, y verdaderamente que no hallo en toda la vida cosa adonde con más razón se pueda decir; porque todos los menosprecios y trabajos que puede haber en la vida no me parece que llegan a estas batallas interiores. Cualquier desasosiego y guerra se puede sufrir con hallar paz adonde vivimos —como ya he dicho— ; mas que queremos venir a descansar de mil trabajos que hay en el mundo y que quiera el Señor aparejarnos el descanso, y que en nosotras mismas esté el estorbo, no puede dejar de ser muy penoso y casi insufridero. Por eso, llevadnos, Señor, adonde no nos menosprecien estas miserias, que parecen algunas veces que están haciendo burla del alma.

Aun en esta vida la libra el Señor de esto, cuando ha llegado a la postrera morada, como diremos, si Dios fuere servido.

Y no darán a todos tanta pena estas miserias ni las acometerán, como a mí hicieron muchos años por ser ruin, que parece que yo misma me quería vengar de mí. Y como cosa tan penosa para mí, pienso que quizá será para vosotras así, y no hago sino decirlo en un cabo y en otro, para si acertase alguna vez a daros a entender cómo es cosa forzosa, y no os traiga inquietas y afligidas, sino que dejemos andar esta tarabilla de molino y molamos nuestra harina, no dejando de obrar la voluntad y entendimiento.

Hay más y menos en este estorbo, conforme a la salud y a los tiempos. Padezca la pobre alma, aunque no tenga en esto culpa, que otras haremos por donde es razón que tengamos paciencia. Y porque no basta lo que leemos y nos aconsejan, que es que no hagamos caso de estos pensamientos, para las que poco sabemos no me parece tiempo perdido todo lo que gasto en declararlo más y consolaros en este caso; mas hasta que el Señor nos quiera dar luz, poco aprovecha. Mas es menester y quiere Su Majestad que tomemos medios y nos entendamos, y lo que hace la flaca imaginación y el natural y demonio no pongamos la culpa al alma.

CAPÍTULO DOS

¡Válgame Dios en lo que me he metido! Ya tenía olvidado lo que trataba, porque los negocios y salud me hace dejarlo al mejor tiempo; y como tengo poca memoria, irá todo desconcertado por no poder tornarlo a leer. Y aun quizás se es todo desconcierto cuanto digo; al menos es lo que siento.

Paréceme queda dicho de los consuelos espirituales. Cómo algunas como veces van envueltos con nuestras pasiones, traen consigo unos alborotos de sollozos, y aun a personas he oído que se les aprieta el pecho y aun vienen a movimientos exteriores, que no se pueden ir a la mano, y es la fuerza de manera que les hace salir sangre de narices y cosas así penosas. De esto no sé decir nada, porque no he pasado por ello, mas debe quedar consuelo; porque –como digo– todo va a parar en desear contentar a Dios y gozar de Su Majestad.

Los que yo llamo «gustos de Dios» –que en otra parte lo he nombrado «oración de quietud»– es muy de otra manera, como entenderéis las que lo habéis probado por la misericordia de Dios. Hagamos cuenta, para entenderlo mejor, que vemos dos fuentes con dos pilas que se hinchen de agua, que no me hallo cosa más a propósito para declarar algunas de espíritu que esto de agua; y es, como sé poco y el ingenio no ayuda y soy tan amiga de este elemento, que le he mirado con más advertencia que otras cosas ; que en todas las que crió tan gran Dios, tan sabio, debe haber hartos secretos de que nos podemos aprovechar, y así lo hacen los que lo entienden, aunque creo que en cada cosita que Dios crió hay más de lo que se entiende, aunque sea una hormiguita.

Estos dos pilones se hinchen de agua de diferentes maneras: el uno viene de más lejos por muchos arcaduces y artificio; el otro está hecho en el mismo nacimiento del agua y vase hinchendo sin ningún ruido, y si es el manantial caudaloso, como este de que hablamos, después de henchido este pilón procede un gran arroyo; ni es menester artificio, ni se acaba el edificio de los arcaduces, sino siempre está procediendo agua de allí.

Es la diferencia que la que viene por arcaduces es, a mi parecer, los «contentos» que tengo dicho que se sacan con la meditación; porque los traemos con los pensamientos, ayudándonos de las criaturas en la meditación y cansando el entendimiento; y como viene en fin con nuestras diligencias hace ruido cuando ha de haber algún henchimiento de provechos que hace en el alma, como queda dicho.

Estotra fuente viene el agua de su mismo nacimiento, que es Dios, y así como Su Majestad quiere, cuando es servido hacer alguna merced sobrenatural, produce con grandísima paz y quietud y suavidad de lo muy interior de nosotros mismos, yo no sé hacia dónde ni cómo, ni aquel contento y deleite se siente como los de acá en el corazón –digo en su principio, que después todo lo hinche–, vase revertiendo este agua por todas las moradas y potencias hasta llegar al cuerpo; que por eso dije que comienza de Dios y acaba en nosotros; que cierto, como verá quien lo hubiere probado, todo el hombre exterior goza de este gusto y suavidad.

Estaba yo ahora mirando –escribiendo esto– que en el verso que dije: *Dilatasti cor meum*, dice que ensanchó el corazón; y no me parece que es cosa –como digo– que su nacimiento es del corazón, sino de otra parte aun más interior, como una cosa profunda. Pienso que debe ser el centro del alma, como después he entendido y diré a la postre ; que, cierto, veo secretos en nosotros mismos que me traen espantada muchas veces. Y ¡cuántos más debe haber! ¡Oh Señor mío y Dios mío, qué grandes son vuestras grandezas!, y andamos acá como unos pastorcillos bobos, que nos parece alcanzamos algo de Vos y debe ser tanto como nonada, pues en nosotros mismos están grandes secretos que no entendemos. Digo tanto como nonada, para lo muy muy mucho que hay en Vos, que no porque no son muy grandes las grandezas que vemos, aun de lo que podemos alcanzar de vuestras obras.

Tornando al verso, en lo que me puede aprovechar, a mi parecer, para aquí, es en aquel ensanchamiento; que así parece que, como comienza a producir aquella agua celestial de este manantial que digo de lo profundo de nosotros, parece que se va dilatando y ensanchando todo nuestro interior y produciendo unos bienes que no se pueden decir, ni aun el alma sabe entender qué es lo que se le da allí. Entiende una fragancia –digamos ahora–

como si en aquel hondón interior estuviese un brasero adonde se echasen olorosos perfumes; ni se ve la lumbre, ni dónde está; mas el calor y humo oloroso penetra toda el alma y aun hartas veces –como he dicho– participa el cuerpo. Mirad, entendedme, que ni se siente calor ni se huele olor, que más delicada cosa es que estas cosas; sino para dároslo a entender. Y entiendan las personas que no han pasado por esto que es verdad que pasa así y que se entiende, y lo entiende el alma más claro que yo lo digo ahora; que no es esto cosa que se puede antojar, porque por diligencias que hagamos no lo podemos adquirir, y en ello mismo se ve no ser de nuestro metal, sino de aquel purísimo oro de la sabiduría divina.

Aquí no están las potencias unidas, a mi parecer, sino embebidas y mirando como espantadas qué es aquello.

Podrá ser que en estas cosas interiores me contradiga algo de lo que tengo dicho en otras partes. No es maravilla, porque en casi quince años que ha que lo escribí, quizá me ha dado el Señor más claridad en estas cosas de lo que entonces entendía, y ahora y entonces puedo errar en todo, mas no mentir, que, por la misericordia de Dios, antes pasaría mil muertes. Digo lo que entiendo.

La voluntad bien me parece que debe estar unida en alguna manera con la de Dios; mas en los efectos y obras de después se conocen estas verdades de oración, que no hay mejor crisol para probarse. Harto gran merced es de nuestro Señor, si la conoce quien la recibe, y muy grande si no torna atrás.

Luego querréis, mis hijas, procurar tener esta oración, y tenéis razón; que –como he dicho– no acaba de entender el alma las que allí la hace el Señor y con el amor que la va acercando más a Sí, que cierto está desear saber cómo alcanzaremos esta merced. Yo os diré lo que en esto he entendido.

Dejemos cuando el Señor es servido de hacerla porque Su Majestad quiere y no por más. Él sabe el porqué; no nos hemos de meter en eso. Después de hacer lo que los de las moradas pasadas, ¡humildad, humildad! Por esta se deja vencer el Señor a cuanto de él queremos ; y lo primero en que veréis si la tenéis es en no pensar que merecéis estas mercedes y gustos del Señor ni los habéis de tener en vuestra vida.

Direisme que de esta manera que ¿cómo se han de alcanzar no los procurando? A esto respondo que no hay otra mejor de la que os he dicho y no los procurar, por estas razones: la primera, porque lo primero que para esto es menester es amar a Dios sin interés; la segunda, porque es un poco de poca humildad pensar que por nuestros servicios miserables se ha de alcanzar cosa tan grande; la tercera, porque el verdadero aparejo para esto es deseo de padecer y de imitar al Señor y no gustos, los que, en fin, le hemos ofendido; la cuarta, porque no está obligado Su Majestad a dárnoslos, como a darnos la gloria si guardamos sus mandamientos, que sin esto nos podremos salvar y sabe mejor que nosotros lo que nos conviene y quién le ama de verdad; y así es cosa cierta, yo lo sé, y conozco personas que van por el camino del amor como han de ir, por solo servir a su Cristo crucificado, que no solo no le piden gustos ni los desean, mas le suplican no se los dé en esta vida. Esto es verdad. La quinta es porque trabajaremos en balde, que como no se ha de traer esta agua por arcaduces como la pasada, si el manantial no la quiere producir, poco aprovecha que nos cansemos. Quiero decir que aunque más meditación tengamos y aunque más nos estrujemos y tengamos lágrimas, no viene este agua por aquí. Solo se da a quien Dios quiere y cuando más descuidada está muchas veces el alma.

Suyas somos, hermanas; haga lo que quisiere de nosotras;

llévenos por donde fuere servido. Bien creo que quien de verdad se humillare y desasiere (digo de verdad, porque no ha de ser por nuestros pensamientos, que muchas veces nos engañan, sino que estemos desasidas del todo), que no dejará el Señor de hacernos esta merced y otras muchas que no sabremos desear. Sea por siempre alabado y bendito, amén.

CAPÍTULO TRES

Los efectos de esta oración son muchos: algunos diré, y primero, otra manera de oración que comienza casi siempre primero que esta, y por haberla dicho en otras partes, diré poco. Un recogimiento que también me parece sobrenatural, porque no es estar en oscuro ni cerrar los ojos, ni consiste en cosa exterior, puesto que, sin quererlo, se hace esto de cerrar los ojos y desear soledad; y sin artificio parece que se va labrando el edificio para la oración que queda dicha ; porque estos sentidos y cosas exteriores parece que van perdiendo de su derecho porque el alma vaya cobrando el suyo que tenía perdido.

Dicen que «el alma se entra dentro de sí» y otras veces que «sube sobre sí». Por este lenguaje no sabré yo aclarar nada, que esto tengo malo que por el que yo lo sé decir pienso que me habéis de entender, y quizá será sola para mí. Hagamos cuenta que estos sentidos y potencias (que ya he dicho que son la gente de este castillo, que es lo que he tomado para saber decir algo), que se han ido fuera y andan con gente extraña, enemiga del bien de este castillo, días y años; y que ya se han ido, viendo su perdición, acercando a él, aunque no acaban de estar dentro –porque esta costumbre es recia cosa–, sino no son ya traidores y andan alrededor. Visto ya el gran Rey, que está en la morada de este castillo, su buena voluntad, por su gran misericordia, quiérelos tornar a él y, como buen pastor, con un silbo tan suave, que aun casi ellos mismos no le entienden, hace que conozcan su voz y que no anden tan perdidos, sino que se tornen a su morada. Y tiene tanta fuerza este silbo del pastor, que desamparan las cosas exteriores en que estaban enajenados y métense en el castillo.

Paréceme que nunca lo he dado a entender como ahora, porque para buscar a Dios en lo interior (que se halla mejor y más a nuestro provecho que en las criaturas, como dice San Agustín que le halló, después de haberle buscado en muchas partes), es gran ayuda cuando Dios hace esta merced. Y no penséis que es por el entendimiento adquirido procurando pensar dentro de sí a Dios, ni por la imaginación, imaginándole en sí. Bueno es esto y excelente manera de meditación, porque se funda sobre verdad, que lo es estar Dios dentro de nosotros mismos; mas no es esto, que esto cada uno lo puede hacer (con el favor del Señor, se entiende, todo). Mas lo que digo es en diferente manera, y que algunas veces, antes que se comience a pensar en Dios, ya esta gente está en el castillo, que no sé por dónde ni cómo oyó el silbo de su pastor. Que no fue por los oídos, que no se oye nada, mas siéntese notablemente un encogimiento suave a lo interior, como verá quien pasa por ello, que yo no lo sé aclarar mejor. Paréceme que he leído que como un erizo o tortuga, cuando se retiran hacia sí, y debíalo de entender bien quien lo escribió. Mas estos, ellos se entran cuando quieren; acá no está en nuestro querer sino cuando Dios nos quiere hacer esta merced. Tengo para mí que cuando Su Majestad la hace es a personas que van ya dando de mano a las cosas del mundo. No digo que sea por obra los que tienen estado que no pueden, sino por el deseo, pues los llama particularmente para que estén atentos a las interiores; y así creo que, si queremos dar lugar a Su Majestad, que no dará solo esto a quien comienza a llamar para más.

Alábele mucho quien esto entendiere en sí, porque es muy mucha razón que conozca la merced, y el hacimiento de gracias por ella hará que se disponga para otras mayores. Y es disposición para poder escuchar, como se aconseja en algunos libros, que procuren no discurrir, sino estarse atentos a ver qué obra el Señor en el alma. Que si Su Majestad no ha comenzado a embebernos, no puedo acabar de entender cómo se pueda detener el pensamiento de manera que no haga más daño que provecho, aunque ha sido contienda bien platicada entre algunas personas espirituales, y de mí confieso mi poca humildad que nunca me han dado razón para que yo me rinda a lo que dicen. Uno me alegó con cierto libro del santo Fray Pedro de Alcántara –que yo creo lo es– a quien yo me rindiera, porque sé que lo sabía; y leímoslo y dice lo mismo que yo, aunque no por estas palabras; mas entiéndese en lo que dice que ha de estar ya despierto el amor. Ya puede ser que yo me engañe, mas voy por estas razones:

La primera, que en esta obra de espíritu quien menos piensa y quiere hacer, hace más; lo que habemos de hacer es pedir como pobres necesitados delante de un grande y rico emperador, y luego bajar los ojos y esperar con humildad. Cuando por sus secretos caminos parece que entendemos que nos oye, entonces es bien callar, pues nos ha dejado estar cerca de él, y no será malo procurar no obrar con el entendimiento, si podemos digo. Mas si este Rey aun no entendemos que nos ha oído ni nos ve, no nos hemos de estar bobos, que lo queda harto el alma cuando ha procurado esto, y queda mucho más seca y por ventura más inquieta la imaginación con la fuerza que se ha hecho a no pensar nada, sino que quiere el Señor que le pidamos y consideremos estar en su presencia, que él sabe lo que nos cumple. Yo no puedo persuadirme a industrias humanas en cosas que parece puso Su Majestad límite y las quiso dejar para Sí; lo que no dejó otras muchas que podemos con su ayuda, así de penitencia, como de obras, como de oración, hasta donde puede nuestra miseria.

La segunda razón es que estas obras interiores son todas suaves y pacíficas, y hacer cosa penosa, antes daña que aprovecha. Llamo penosa fuerza que nos queramos hacer, como sería pena detener el huelgo; sino dejarse el alma en las manos de Dios, haga lo que quisiere de ella, con el mayor descuido de su provecho que pudiere y mayor resignación a la voluntad de Dios.

La tercera es que el mismo cuidado que se pone en no pensar nada quizá despertará el pensamiento a pensar mucho.

La cuarta es que lo más sustancial y agradable a Dios es que nos acordemos de su honra y gloria y nos olvidemos de nosotros mismos y de nuestro provecho y regalo y gusto. Pues ¿cómo está olvidado de sí el que con mucho cuidado está, que no se osa bullir, ni aun deja a su entendimiento y deseos que se bullan a desear la mayor gloria de Dios, ni que se huelgue de la que tiene? Cuando Su Majestad quiere que el entendimiento cese, ocúpale por otra manera y da una luz en el conocimiento tan sobre la que podemos alcanzar, que le hace quedar absorto, y entonces, sin saber cómo, queda muy mejor enseñado que no con todas nuestras diligencias para echarle más a perder; que pues Dios nos dio las potencias para que con ellas trabajásemos y se tiene todo su premio, no hay para qué las encantar, sino dejarlas hacer su oficio, hasta que Dios las ponga en otro mayor.

Lo que entiendo que más conviene que ha de hacer el alma que ha querido el Señor meter a esta morada es lo dicho, y que sin ninguna fuerza ni ruido procure atajar el discurrir del entendimiento, mas no el suspenderle ni el pensamiento, sino que es bien que se acuerde que está delante de Dios y quién es este Dios. Si lo mismo que siente en sí le embebiere, enhorabuena; mas no procure entender lo que es, porque es dado a la voluntad; déjela gozar sin ninguna industria más de algunas palabras amorosas, que aunque no procuremos aquí estar sin pensar nada, se está muchas veces, aunque muy breve tiempo.

Mas –como dije en otra parte– la causa porque en esta manera de oración (digo en la que comencé esta morada, que he metido la de recogimiento con esta que había de decir primero, y es muy menos que la de los gustos que he dicho de Dios, sino que es principio para venir a ella; que en la del recogimiento no se ha de dejar la meditación, ni la obra del entendimiento)…, en esta fuente manantial que no viene por arcaduces él se comide o le hace comedir ver que no entiende lo que quiere; y así anda de un cabo a otro, como tonto que en nada hace asiento. La voluntad le tiene tan grande en su Dios, que la da gran pesadumbre su bullicio, y así no ha menester hacer caso de él, que la hará perder mucho de lo que goza, sino dejarle y dejarse a sí en los brazos del amor, que Su Majestad la enseñará lo que ha de hacer en aquel punto, que casi todo es hallarse indigna de tanto bien y emplearse en hacimiento de gracias.

Por tratar de la oración de recogimiento, dejé los efectos o señales que tienen las almas a quien Dios nuestro Señor da esta oración. Así como se entiende claro un dilatamiento o ensanchamiento en el alma, a manera de como si el agua que mana de una fuente no tuviese corriente, sino que la misma fuente estuviese labrada de una cosa que mientras más agua manase más grande se hiciese el edificio, así parece en esta oración, y otras muchas maravillas que hace Dios en el alma, que la habilita y va disponiendo para que quepa todo en ella. Así esta suavidad y ensanchamiento interior se ve en el que le queda para no estar tan atada como antes en las cosas del servicio de Dios, sino con mucha más anchura:

Así en no se apretar con el temor del infierno, porque aunque le queda mayor de no ofender a Dios, el servil piérdese aquí; queda con gran confianza que le ha de gozar. El que solía tener, para hacer penitencia, de perder la salud, ya le parece que todo lo podrá en Dios; tiene más deseos de hacerla que hasta allí. El temor que solía tener a los trabajos, ya va más templado; porque está más viva la fe y entiende que, si los pasa por Dios, Su Majestad le dará gracia para que los sufra con paciencia, y aun algunas veces los desea, porque queda también una gran voluntad de hacer algo por Dios. Como va más conociendo su grandeza, tiénese ya por más miserable; como ha probado ya los gustos de Dios, ve que es una basura los del mundo, vase poco a poco apartando de ellos y es más señora de sí para hacerlo. En fin, en todas las virtudes queda mejorada y no dejará de ir creciendo, si no torna atrás ya a hacer ofensas de Dios, porque entonces todo se pierde por subida que esté un alma en la cumbre. Tampoco se entiende que de una vez o dos que Dios haga esta merced a un alma, quedan todas estas hechas si no va perseverando en recibirlas, que en esta perseverancia está todo nuestro bien.

De una cosa aviso mucho a quien se viere en este estado: que se guarde muy mucho de ponerse en ocasiones de ofender a Dios; porque aquí no está aún el alma criada, sino como un niño que comienza a mamar, que si se aparta de los pechos de su madre, ¿qué se puede esperar de él sino la muerte? Yo he mucho temor que a quien Dios hubiere hecho esta merced y se apartare de la oración, que será así, si no es con grandísima ocasión o si no torna presto a ella, porque irá de mal en peor. Yo sé que hay mucho que temer en este caso, y conozco a algunas personas que me tienen harto lastimada y he visto lo que digo, por haberse apartado de quien con tanto amor se les quería dar por amigo y mostrárselo por obras. Aviso tanto que no se pongan en ocasiones, porque pone mucho el demonio más por un alma de estas que por muy muchas a quien el Señor no haga estas mercedes; porque le pueden hacer gran daño con llevar otras consigo, y hacer gran provecho, podría ser, en la Iglesia de Dios; y aunque no haya otra cosa sino ver el que Su Majestad las muestra amor particular, basta para que él se deshaga porque se pierdan; y así son muy combatidas y aun mucho más perdidas que otras, si se pierden.

Vosotras, hermanas, libres estáis de estos peligros, a lo que podemos entender; de soberbia y vanagloria os libre Dios; y de que el demonio quiera contrahacer estas mercedes, conocerse ha en que no hará estos efectos, sino todo al revés.

De un peligro os quiero avisar (aunque os lo he dicho en otra parte) en que he visto caer a personas de oración, en especial mujeres, que como somos más flacas, ha más lugar para lo que voy a decir. Y es que algunas, de la mucha penitencia y oración y vigilias, y aun sin esto, sonse flacas de complexión; en teniendo algún regalo, sujétales el natural y, como sienten contento alguno interior y caimiento en lo exterior y una flaqueza, cuando hay un sueño que llaman espiritual, que es un poco más de lo que queda dicho, paréceles que es lo uno como lo otro y déjanse embebecer. Y mientras más se dejan, se embebecen más, porque se enflaquece más el natural, y en su seso les parece arrobamiento; y llámole yo abobamiento, que no es otra cosa más de estar perdiendo tiempo allí y gastando su salud (a una persona le acaecía estar ocho horas), que ni están sin sentido, ni sienten cosa de Dios. Con dormir y comer y no hacer tanta penitencia, se le quitó a esta persona, porque hubo quien la entendiese, que a su confesor traía engañado y a otras personas y a sí misma, que ella no quería engañar. Bien creo que haría el demonio alguna diligencia para sacar alguna ganancia, y no comenzaba a sacar poca.

Hase de entender que cuando es cosa verdaderamente de Dios, que aunque hay caimiento interior y exterior, que no le hay en el alma, que tiene grandes sentimientos de verse tan cerca de Dios, ni tampoco dura tanto, sino muy poco espacio, bien que se torna a embebecer; y en esta oración, si no es flaqueza –como he dicho– no llega a tanto que derrueque el cuerpo ni haga ningún sentimiento exterior en él. Por eso tengan aviso que cuando sintieren esto en sí, lo digan a la prelada y diviértanse lo que pudieren y hágalas no tener horas tantas de oración sino muy poco, y procure que duerman bien y coman, hasta que se les vaya tornando la fuerza natural, si se perdió por aquí. Si es de tan flaco natural que no le baste esto, créanme que no la quiere Dios sino para la vida activa, que de todo ha de haber en los monasterios; ocúpenla en oficios, y siempre se tenga cuenta que no tenga mucha soledad, porque vendrá a perder del todo la salud. Harta mortificación será para ella; aquí quiere probar el Señor el amor que le tiene en cómo lleva esta ausencia, y será servido de tornarle la fuerza después de algún tiempo, y si no, con oración vocal ganará y con obedecer, y merecerá lo que había de merecer por aquí y por ventura más.

También podría haber algunas de tan flaca cabeza e imaginación –como yo las he conocido– que todo lo que piensan les parece que lo ven; es harto peligroso. Porque quizá se tratará de ello adelante, no más aquí, que me he alargado mucho en esta morada, porque es en la que más almas creo entran, y como es también natural junto con lo sobrenatural, puede el demonio hacer más daño; que en las que están por decir, no le da el Señor tanto lugar. Sea por siempre alabado, amén.

MORADAS QUINTAS

CAPÍTULO UNO

¡Oh hermanas!, ¿cómo os podría yo decir la riqueza y tesoros y deleites que hay en las quintas moradas? Creo fuera mejor no decir nada de las que faltan, pues no se ha de saber decir ni el entendimiento lo sabe entender ni las comparaciones pueden servir de declararlo, porque son muy bajas las cosas de la tierra para este fin.

Enviad, Señor mío, del cielo luz para que yo pueda dar alguna a estas vuestras siervas, pues sois servido de que gocen algunas de ellas tan ordinariamente de estos gozos, porque no sean engañadas, transfigurándose el demonio en ángel de luz, pues todos sus deseos se emplean en desear contentaros.

Y aunque dije «algunas», bien pocas hay que no entren en esta morada que ahora diré. Hay más y menos, y a esta causa digo que son las más las que entran en ellas. En algunas cosas de las que aquí diré que hay en este aposento, bien creo que son pocas; mas aunque no sea sino llegar a la puerta, es harta misericordia la que las hace Dios; porque, puesto que son muchos los llamados, pocos son los escogidos. Así digo ahora que aunque todas las que traemos este hábito sagrado del Carmen somos llamadas a la oración y contemplación (porque este fue nuestro principio, de esta casta venimos, de aquellos santos Padres nuestros del Monte Carmelo que en tan gran soledad y con tanto desprecio del mundo buscaban este tesoro, esta preciosa margarita de que hablamos), pocas nos disponemos para que nos la descubra el Señor. Porque cuanto a lo exterior vamos bien para llegar a lo que es menester; en las virtudes para llegar aquí, hemos menester mucho, mucho, y no nos descuidar poco ni mucho. Por eso, hermanas mías, alto a pedir al Señor, que pues en alguna manera podemos gozar del cielo en la tierra, que nos dé su favor para que no quede por nuestra culpa y nos muestre el camino y dé fuerzas en el alma para cavar hasta hallar este tesoro escondido, pues es verdad que le hay en nosotras mismas, que esto querría yo dar a entender, si el Señor es servido que sepa.

Dije «fuerzas en el alma», porque entendáis que no hacen falta las del cuerpo a quien Dios nuestro Señor no las da. No imposibilita a ninguno para comprar sus riquezas; con que dé cada uno lo que tuviere, se contenta. Bendito sea tan gran Dios. Mas mirad, hijas, que para esto que tratamos no quiere que os quedéis con nada; poco o mucho, todo lo quiere para sí, y conforme a lo que entendiereis de vos que os han dado, se os harán mayores o menores mercedes. No hay mejor prueba para entender si llega a unión o si no nuestra oración. No penséis que es cosa soñada, como la pasada. Digo soñada, porque así parece está el alma como adormizada, que ni bien parece está dormida ni se siente despierta. Aquí con estar todas dormidas, y bien dormidas, a las cosas del mundo y a nosotras mismas (porque en hecho de verdad se queda como sin sentido aquello poco que dura, que ni hay poder pensar, aunque quieran), aquí no es menester con artificio suspender el pensamiento; hasta el amar, si lo hace, no entiende cómo, ni qué es lo que ama ni qué querría.

En fin, como quien de todo punto ha muerto al mundo para vivir más en Dios, que así es una muerte sabrosa, un arrancamiento del alma de todas las operaciones que puede tener estando en el cuerpo; deleitosa, porque aunque de verdad parece se aparta el alma de él para mejor estar en Dios –de manera que aun no sé yo si le queda vida para resolgar (ahora lo estaba pensando y paréceme que no, al menos si lo hace no se entiende si lo hace) –, todo su entendimiento se querría emplear en entender algo de lo que siente y, como no llegan sus fuerzas a esto, quédase espantado; de manera que, si no se pierde del todo, no menea pie ni mano, como acá decimos de una persona que está tan desmayada que nos parece está muerta.

¡Oh secretos de Dios!, que no me hartaría de procurar dar a entenderlos si pensase acertar en algo, y así diré mil desatinos, por si alguna vez atinase, para que alabemos mucho al Señor.

Dije que no era cosa soñada, porque en la morada que queda dicha, hasta que la experiencia es mucha queda el alma dudosa de qué fue aquello: si se le antojó, si estaba dormida, si fue dado de Dios, si se transfiguró el demonio en ángel de luz. Queda con mil sospechas, y es bien que las tenga, porque –como dije– aun el mismo natural nos puede engañar allí alguna vez; porque aunque no hay tanto lugar para entrar las cosas ponzoñosas, unas lagartijillas sí, que como son agudas por doquiera se meten; y aunque no hacen daño, en especial si no hacen caso de ellas –como dije– , porque son pensamientillos que proceden de la imaginación y de lo que queda dicho, importunan muchas veces. Aquí, por ayudas que son las lagartijas, no pueden entrar en esta morada; porque ni hay imaginación, ni memoria ni entendimiento que pueda impedir este bien.

Y osaré afirmar que si verdaderamente es unión de Dios, que no puede entrar el demonio ni hacer ningún daño; porque está Su Majestad tan junto y unido con la esencia del alma, que no osará llegar, ni aun debe de entender este secreto. Y está claro: pues dicen que no entiende nuestro pensamiento, menos entenderá cosa tan secreta, que aun no la fía Dios de nuestro pensamiento. ¡Oh gran bien, estado adonde este maldito no nos hace mal! Así queda el alma con tan grandes ganancias, por obrar Dios en ella sin que nadie le estorbe, ni nosotros mismos. ¿Qué no dará quien es tan amigo de dar y puede dar todo lo que quiere?

Parece que os dejo confusas en decir si es unión de Dios y que hay otras uniones. Y ¡cómo si las hay! Aunque sean en cosas vanas, cuando se aman mucho, también los transportará el demonio ; mas no con la manera que Dios ni con el deleite y satisfacción del alma y paz y gozo. Es sobre todos los gozos de la tierra y sobre todos los deleites y sobre todos los contentos y más, que no tiene que ver adonde se engendran estos contentos o los de la tierra, que es muy diferente su sentir, como lo tendréis experimentado. Dije yo una vez que es como si fuesen en esta grosería del cuerpo, o en los tuétanos, y atiné bien, que no sé cómo lo decir mejor.

Paréceme que aún no os veo satisfechas, porque os parecerá que os podéis engañar, que esto interior es cosa recia de examinar; y aunque para quien ha pasado por ello basta lo dicho, porque es grande la diferencia, quiéroos decir una señal clara por donde no os podréis engañar ni dudar si fue de Dios, que Su Majestad me la ha traído hoy a la memoria, y a mi parecer es la cierta. Siempre en cosas dificultosas, aunque me parece que lo entiendo y que digo verdad, voy con este lenguaje de que «me parece»; porque si me engañare, estoy muy aparejada a creer lo que dijeren los que tienen letras muchas; porque, aunque no hayan pasado por estas cosas, tienen un no sé qué grandes letrados, que como Dios los tiene para luz de su Iglesia, cuando es una verdad, dásela para que se admita; y si no son derramados, sino siervos de Dios, nunca se espantan de sus grandezas, que tienen bien entendido que puede mucho más y más. Y, en fin, aunque algunas cosas no tan declaradas, otras deben hallar escritas, por donde ven que pueden pasar estas.

De esto tengo grandísima experiencia, y también la tengo de unos medioletrados espantadizos, porque me cuestan muy caro. Al menos creo que quien no creyere que puede Dios mucho más y que ha tenido por bien y tiene algunas veces comunicarlo a sus criaturas, que tiene bien cerrada la puerta para recibirlas. Por eso, hermanas, nunca os acaezca, sino creed de Dios mucho más y más, y no pongáis los ojos en si son ruines o buenos a quien las hace, que Su Majestad lo sabe, como os lo he dicho ; no hay para qué nos meter en esto, sino con simpleza de corazón y humildad servir a Su Majestad y alabarle por sus obras y maravillas.

Pues tornando a la señal que digo es la verdadera, ya veis esta alma que la ha hecho Dios boba del todo para imprimir mejor en ella la verdadera sabiduría, que ni ve ni oye ni entiende en el tiempo que está así, que siempre es breve, y aun harto más breve le parece a ella de lo que debe de ser. Fija Dios a sí mismo en lo interior de aquel alma de manera que cuando torna en si en ninguna manera pueda dudar que estuvo en Dios y Dios en ella. Con tanta firmeza le queda esta verdad, que aunque pase años sin tornarle Dios a hacer aquella merced, ni se le olvida ni puede dudar que estuvo. Aun dejemos por los efectos con que queda, que estos diré después ; esto es lo que hace mucho al caso.

Pues direisme: ¿Cómo lo vio o cómo lo entendió, si no ve ni entiende? No digo que lo vio entonces, sino que lo ve después claro; y no porque es visión, sino una certidumbre que queda en el alma que solo Dios la puede poner. Yo sé de una persona que no había llegado a su noticia que estaba Dios en todas las cosas por presencia y potencia y esencia, y de una merced que le hizo Dios de esta suerte lo vino a entender de manera que aunque un medioletrado de los que tengo dichos, a quien preguntó cómo estaba Dios en nosotros (él lo sabía tan poco como ella antes que Dios se lo diese a entender), le dijo que no estaba más de por gracia, ella tenía ya tan fija la verdad, que no le creyó; y preguntolo a otros, que le dijeron la verdad, con que se consoló mucho.

No os habéis de engañar pareciéndoos que esta certidumbre queda en forma corporal –como el cuerpo de nuestro Señor Jesucristo está en el Santísimo Sacramento, aunque no le vemos–, porque acá no queda así, sino de sola la divinidad. Pues ¿cómo lo que no vimos se nos queda con esa certidumbre? Eso no lo sé yo, son obras suyas, mas sé que digo la verdad, y quien no quedare con esta certidumbre, no diría yo que es unión de toda el alma con Dios, sino de alguna potencia, y otras muchas maneras de mercedes que hace Dios al alma. Hemos de dejar en todas estas cosas de buscar razones para ver cómo fue; pues no llega nuestro entendimiento a entenderlo, ¿para qué nos queremos desvanecer? Basta ver que es todopoderoso el que lo hace, y pues no somos ninguna parte –por diligencias que hagamos– para alcanzarlo, sino que es Dios el que lo hace, no lo queramos ser para entenderlo.

Ahora me acuerdo, sobre esto que digo de que no somos

parte, de lo que habéis oído que dice la Esposa en los Cantares: *Llevóme el rey a la bodega del vino*, o *metiome*, creo que dice. Y no dice que ella se fue. Y dice también que andaba buscando a su Amado por una parte y por otra. Esta entiendo yo es la bodega adonde nos quiere meter el Señor cuando quiere y como quiere; mas por diligencias que nosotros hagamos, no podemos entrar. Su Majestad nos ha de meter y entrar él en el centro de nuestra alma; y para mostrar sus maravillas mejor, no quiere que tengamos en esta más parte de la voluntad que del todo se le ha rendido ni que se le abra la puerta de las potencias y sentidos, que todos están dormidos, sino entrar en el centro del alma sin ninguna, como entró a sus discípulos cuando dijo: *Pax vobis*, y salió del sepulcro sin levantar la piedra. Adelante veréis cómo Su Majestad quiere que le goce el alma en su mismo centro, aun más que aquí mucho en la postrera morada.

¡Oh hijas, qué mucho veremos si no queremos ver más de nuestra bajeza y miseria, y entender que no somos dignas de ser siervas de un Señor tan grande, que no podemos alcanzar sus maravillas! Sea por siempre alabado, amén.

CAPÍTULO DOS

Pareceros ha que ya está todo dicho lo que hay que ver en esta morada, y falta mucho, porque –como dije– hay más y menos. Cuanto a lo que es unión, no creo sabré decir más; mas cuando el alma a quien Dios hace estas mercedes se dispone, hay muchas cosas que decir de lo que el Señor obra en ella. Algunas diré y de la manera que queda. Para darlo mejor a entender, me quiero aprovechar de una comparación que es buena para este fin, y también para que veamos cómo, aunque en esta obra que hace el Señor no podemos hacer nada, mas para que Su Majestad nos haga esta merced, podemos hacer mucho disponiéndonos.

Ya habréis oído sus maravillas en cómo se cría la seda, que solo él pudo hacer semejante invención, y cómo de una simiente, que dicen que es a manera de granos de pimienta pequeños (que yo nunca la he visto, sino oído, y así si algo fuere torcido no es mía la culpa), con el calor, en comenzando a haber hoja en los morales, comienza esta simiente a vivir; que hasta que hay este mantenimiento de que se sustentan, se está muerta; y con hojas de moral se crían, hasta que después, de grandes, les ponen unas ramillas y allí con las boquillas van de sí mismos hilando la seda y hacen unos capuchillos muy apretados adonde se encierran; y acaba este gusano que es grande y feo, y sale del mismo capucho una mariposica blanca, muy graciosa.

Mas si esto no se viese, sino que nos lo contaran de otros tiempos, ¿quién lo pudiera creer? ¿Ni con qué razones pudiéramos sacar que una cosa tan sin razón como es un gusano y una abeja, sean tan diligentes en trabajar para nuestro provecho y con tanta industria, y el pobre gusanillo pierda la vida en la demanda? Para un rato de meditación basta esto, hermanas, aunque no os diga más, que en ello podéis considerar las maravillas y sabiduría de nuestro Dios. Pues ¿qué será si supiésemos la propiedad de todas las cosas? De gran provecho es ocuparnos en pensar estas grandezas y regalarnos en ser esposas de Rey tan sabio y poderoso.

Tornemos a lo que decía. Entonces comienza a tener vida este gusano, cuando con el calor del Espíritu Santo se comienza a aprovechar del auxilio general que a todos nos da Dios y cuando comienza a aprovecharse de los remedios que dejó en su Iglesia, así de continuar las confesiones, como con buenas lecciones y sermones, que es el remedio que un alma que está muerta en su descuido y pecados y metida en ocasiones puede tener. Entonces comienza a vivir y vase sustentando en esto y en buenas meditaciones, hasta que está crecida, que es lo que a mí me hace al caso, que estotro poco importa.

Pues crecido este gusano –que es lo que en los principios queda dicho de esto que he escrito– , comienza a labrar la seda y edificar la casa adonde ha de morir. Esta casa querría dar a entender aquí que es Cristo. En una parte me parece he leído u oído que nuestra vida está escondida en Cristo, o en Dios, que todo es uno, o que nuestra vida es Cristo. En que esto sea o no, poco va para mi propósito.

Pues veis aquí, hijas, lo que podemos con el favor de Dios hacer: que Su Majestad mismo sea nuestra morada, como lo es en esta oración de unión, labrándola nosotras. Parece que quiero decir que podemos quitar y poner en Dios, pues digo que él es la morada y la podemos nosotras fabricar para meternos en ella. Y ¡cómo si podemos!, no quitar de Dios ni poner, sino quitar de nosotros y poner, como hacen estos gusanitos; que no habremos acabado de hacer en esto todo lo que podemos, cuando este trabajillo, que no es nada, junte Dios con su grandeza y le dé tan gran valor que el mismo Señor sea el premio de esta obra. Y así como ha sido el que ha puesto la mayor costa, así quiere juntar nuestros trabajillos con los grandes que padeció Su Majestad y que todo sea una cosa.

Pues ¡ea, hijas mías!, prisa a hacer esta labor y tejer este capuchillo, quitando nuestro amor propio y nuestra voluntad, el estar asidas a ninguna cosa de la tierra, poniendo obras de penitencia, oración, mortificación, obediencia, todo lo demás que sabéis; que ¡así obrásemos como sabemos y somos enseñadas de lo que hemos de hacer! ¡Muera, muera este gusano, como lo hace en acabando de hacer para lo que fue criado!, y veréis cómo vemos a Dios y nos vemos tan metidas en su grandeza como lo está este gusanillo en este capucho. Mirad que digo ver a Dios, como dejo dicho que se da a sentir en esta manera de unión.

Pues veamos qué se hace este gusano, que es para lo que he dicho todo lo demás, que cuando está en esta oración, bien muerto está al mundo, sale una mariposita blanca. ¡Oh grandeza de Dios, y cuál sale una alma de aquí, de haber estado un poquito metida en la grandeza de Dios y tan junta con él, que a mi parecer nunca llega a media hora! Yo os digo de verdad que la misma alma no se conoce a sí; porque, mirad la diferencia que hay de un gusano feo a una mariposica blanca, que la misma hay acá. No sabe de dónde pudo merecer tanto bien –de dónde le pudo venir, quise decir, que bien sabe que no le merece–; vese con un deseo de alabar al Señor, que se querría deshacer, y de morir por él mil muertes. Luego le comienza a tener de padecer grandes trabajos, sin poder hacer otra cosa. Los deseos de penitencia grandísimos, el de soledad, el de que todos conociesen a Dios; y de aquí le viene una pena grande de ver que es ofendido. Y aunque en la morada que viene se tratará más de estas cosas en particular, porque aunque casi lo que hay en esta morada y en la que viene después es todo uno, es muy diferente la fuerza de los efectos; porque –como he dicho– si después que Dios llega a un alma aquí se esfuerza a ir adelante, verá grandes cosas.

¡Oh, pues ver el desasosiego de esta mariposita, con no haber estado más quieta y sosegada en su vida, es cosa para alabar a Dios! Y es que no sabe adónde posar y hacer su asiento, que como le ha tenido tal, todo lo que ve en la tierra le descontenta, en especial cuando son muchas las veces que le da Dios de este vino ; casi de cada una queda con nuevas ganancias. Ya no tiene en nada las obras que hacía siendo gusano, que era poco a poco tejer el capucho; hanle nacido alas, ¿cómo se ha de contentar, pudiendo volar, de andar paso a paso? Todo se le hace poco cuanto puede hacer por Dios, según son sus deseos. No tiene en mucho lo que pasaron los santos, entendiendo ya por experiencia cómo ayuda el Señor y transforma un alma, que no parece ella ni su figura. Porque la flaqueza que antes le parecía tener para hacer penitencia, ya la halla fuerte; el atamiento con deudos o amigos o hacienda (que ni le bastaban actos, ni determinaciones, ni quererse apartar, que entonces le parecía se hallaba más junta), ya se ve de manera que le pesa estar obligada a lo que, para no ir contra Dios, es menester hacer. Todo le cansa, porque ha probado que el verdadero descanso no le pueden dar las criaturas.

Parece que me alargo, y mucho más podría decir, y a quien Dios hubiere hecho esta merced verá que quedo corta; y así no hay que espantar que esta mariposilla busque asiento de nuevo, así como se halla nueva de las cosas de la tierra. Pues ¿adónde irá la pobrecica? Que tornar adonde salió no puede, que –como está dicho– no es en nuestra mano, aunque más hagamos, hasta que es Dios servido de tornarnos a hacer esta merced. Oh Señor, y qué nuevos trabajos comienzan a esta alma. ¿Quién dijera tal después de merced tan subida? En fin, fin, de una manera o de otra ha de haber cruz mientras vivimos, y quien dijere que, después que llegó aquí, siempre está con descanso y regalo, diría yo que nunca llegó, sino que por ventura fue algún gusto, si entró en la morada pasada, y ayudado de flaqueza natural, y aun, por ventura, del demonio, que le da paz para hacerle después mucha mayor guerra.

No quiero decir que no tienen paz los que llegan aquí, que sí tienen y muy grande; porque los mismos trabajos son de tanto valor y de tan buena raíz que, con serlo muy grandes, de ellos mismos sale la paz y el contento. Del mismo descontento que dan las cosas del mundo nace un deseo de salir de él tan penoso, que si algún alivio tiene es pensar que quiere Dios viva en este destierro, y aun no basta, porque aun el alma con todas estas ganancias no está tan rendida en la voluntad de Dios, como se verá adelante, aunque no deja de conformarse; mas es con un gran sentimiento, que no puede más, porque no le han dado más, y con muchas lágrimas. Cada vez que tiene oración es esta su pena. En alguna manera quizá procede de la muy grande que le da de ver que es ofendido Dios y poco estimado en este mundo y de las muchas almas que se pierden, así de herejes como de moros; aunque las que más la lastiman son las de los cristianos, que aunque ve es grande la misericordia de Dios, que por mal que vivan se pueden enmendar y salvarse, teme que se condenan muchos.

¡Oh grandeza de Dios!, que pocos años antes estaba esta alma, y aun quizá días, que no se acordaba sino de sí, ¿quién la ha metido en tan penosos cuidados? Que aunque queramos tener muchos años de meditación, tan penosamente como ahora esta alma lo siente no lo podremos sentir. Pues ¡válgame Dios!, si muchos días y años yo me procuro ejercitar en el gran mal que es ser Dios ofendido y pensar que estos que se condenan son hijos suyos y hermanos míos, y los peligros en que vivimos, cuán bien nos está salir de esta miserable vida, ¿no bastará? Que no, hijas, no es la pena que se siente aquí como las de acá; que eso bien podríamos con el favor del Señor tenerla, pensando mucho esto; mas no llega a lo íntimo de las entrañas como aquí, que parece desmenuza un alma y la muele, sin procurarlo ella y aun a veces sin quererlo. Pues ¿qué es esto? ¿De dónde procede? Yo os lo diré.

¿No habéis oído –que ya aquí lo he dicho otra vez, aunque no a este propósito– de la Esposa, que la metió Dios a la bodega del vino y ordenó en ella la caridad? Pues esto es; que como aquel alma ya se entrega en sus manos y el gran amor la tiene tan rendida que no sabe ni quiere más de que haga Dios lo que quisiere de ella (que jamás hará Dios, a lo que yo pienso, esta merced sino a alma que ya toma muy por suya), quiere que, sin que ella entienda cómo, salga de allí sellada con su sello. Porque verdaderamente el alma allí no hace más que la cera cuando imprime otro el sello, que la cera no se le imprime a sí, solo está dispuesta, digo blanda; y aun para esta disposición tampoco se ablanda ella, sino que se está queda y lo consiente. ¡Oh bondad de Dios, que todo ha de ser a vuestra costa! Solo queréis nuestra voluntad y que no haya impedimento en la cera.

Pues veis aquí, hermanas, lo que nuestro Dios hace aquí para que esta alma ya se conozca por suya; da de lo que tiene, que es lo que tuvo su Hijo en esta vida; no nos puede hacer mayor merced. ¿Quién más debía querer salir de esta vida? Y así lo dijo Su Majestad en la Cena: «Con deseo he deseado».

Pues ¿cómo, Señor, no se os puso delante la trabajosa muerte que habéis de morir tan penosa y espantosa? No; porque el grande amor que tengo y deseo de que se salven las almas sobrepuja sin comparación a esas penas; y las muy grandísimas que he padecido y padezco, después que estoy en el mundo, son bastantes para no tener esas en nada en su comparación.

Es así que muchas veces he considerado en esto, y sabiendo yo el tormento que pasa y ha pasado cierta alma que conozco de ver ofender a nuestro Señor, tan insufridero que se quisiera mucho más morir que sufrirla, y pensando si una alma con tan poquísima caridad, comparada a la de Cristo, que se puede decir casi ninguna en esta comparación, sentía este tormento tan insufridero, ¿qué sería el sentimiento de nuestro Señor Jesucristo, y qué vida debía pasar, pues todas las cosas le eran presentes y estaba siempre viendo las grandes ofensas que se hacían a su Padre?

Sin duda creo yo que fueron muy mayores que las de su sacratísima Pasión; porque entonces ya veía el fin de estos trabajos, y con esto y con el contento de ver nuestro remedio con su muerte y de mostrar el amor que tenía a su Padre en padecer tanto por él, moderaría los dolores, como acaece acá a los que con fuerza de amor hacen grandes penitencias, que no las sienten casi, antes querrían hacer más y más, y todo se le hace poco. Pues ¿qué sería a Su Majestad, viéndose en tan gran ocasión para mostrar a su Padre cuán cumplidamente cumplía el obedecerle, y con el amor del prójimo? ¡Oh gran deleite, padecer en hacer la voluntad de Dios! Mas en ver tan continuo tantas ofensas a Su Majestad hechas, e ir tantas almas al infierno, téngolo por cosa tan recia, que creo, si no fuera más de hombre, un día de aquella pena bastaba para acabar muchas vidas, ¡cuánto más una!

CAPÍTULO TRES

Pues tornemos a nuestra palomica y veamos algo de lo que Dios da en este estado. Siempre se entiende que ha de procurar ir adelante en el servicio de nuestro Señor y en el conocimiento propio; que si no hace más de recibir esta merced y, como cosa ya segura, descuidarse en su vida y torcer el camino del cielo, que son los mandamientos, acaecerle ha lo que a la que sale del gusano, que echa la simiente para que produzcan otras y ella queda muerta para siempre. Digo que echa la simiente, porque tengo para mí que quiere Dios que no sea dada en balde una merced tan grande; sino que ya que no se aproveche de ella para sí, aproveche a otros. Porque como queda con estos deseos y virtudes dichas, el tiempo que dura en el bien siempre hace provecho a otras almas y de su calor les pega calor; y aun cuando le tienen ya perdido, acaece quedar con esa gana de que se aprovechen otros, y gusta de dar a entender las mercedes que Dios hace a quien le ama y sirve.

Yo he conocido persona que le acaecía así, que estando muy

perdida gustaba de que se aprovechasen otras con las mercedes que Dios le había hecho y mostrarles el camino de oración a las que no le entendían, e hizo harto provecho, harto. Después le tornó el Señor a dar luz. Verdad es que aún no tenía los efectos que quedan dichos. Mas ¡cuántos debe [de] haber que los llama el Señor al apostolado –como a Judas–, comunicando con ellos, y los llama para hacer reyes –como a Saúl –, y después por su culpa se pierden! De donde sacaremos, hermanas, que para ir mereciendo más y más, y no perdiéndonos como estos, la seguridad que podemos tener es la obediencia y no torcer de la ley de Dios, digo a quien hiciere semejantes mercedes, y aun a todos.

Paréceme que queda algo oscura, con cuanto he dicho, esta morada. Pues hay tanta ganancia de entrar en ella, bien será que no parezca quedan sin esperanza a los que el Señor no da cosas tan sobrenaturales; pues la verdadera unión se puede muy bien alcanzar, con el favor de nuestro Señor, si nosotros nos esforzamos a procurarla con no tener voluntad sino atada con lo que fuere la voluntad de Dios. ¡Oh, qué de ellos habrá que digamos esto y nos parezca que no queremos otra cosa y moriríamos por esta verdad, como creo ya he dicho! Pues yo os digo, y lo diré muchas veces, que cuando lo fuere, que habéis alcanzado esta merced del Señor, y ninguna cosa se os dé de estotra unión regalada que queda dicha, que lo que hay de mayor precio en ella es por proceder de esta que ahora digo y por no poder llegar a lo que queda dicho si no es muy cierta la unión de estar resignada nuestra voluntad en la de Dios. ¡Oh, qué unión esta para desear! Venturosa el alma que la ha alcanzado, que vivirá en esta vida con descanso y en la otra también; porque ninguna cosa de los sucesos de la tierra la afligirá, si no fuere si se ve en algún peligro de perder a Dios o ver si es ofendido; ni enfermedad, ni pobreza, ni muertes, si no fuere de quien ha de hacer falta en la Iglesia de Dios; que ve bien esta alma, que él sabe mejor lo que hace que ella lo que desea.

Habéis de notar que hay penas y penas; porque algunas penas hay producidas de presto de la naturaleza, y contentos lo mismo, y aun de caridad de apiadarse de los prójimos, como hizo nuestro Señor cuando resucitó a Lázaro ; y no quitan estas el estar unidas con la voluntad de Dios, ni tampoco turban el ánima con una pasión inquieta, desasosegada, que dura mucho. Estas penas pasan de presto; que, como dije de los gozos en la oración, parece que no llegan a lo hondo del alma, sino a estos sentidos y potencias. Andan por estas moradas pasadas, mas no entran en la que está por decir postrera, pues para esto es menester lo que queda dicho de suspensión de potencias, que poderoso es el Señor de enriquecer las almas por muchos caminos y llegarlas a estas moradas y no por el atajo que queda dicho.

Mas advertid mucho, hijas, que es necesario que muera el gusano, y más a vuestra costa; porque acullá ayuda mucho para morir el verse en vida tan nueva; acá es menester que, viviendo en esta, le matemos nosotras. Yo os confieso que será a mucho o más trabajo, mas su precio se tiene; así será mayor el galardón si salís con victoria. Mas de ser posible no hay que dudar como lo sea la unión verdaderamente con la voluntad de Dios.

Esta es la unión que toda mi vida he deseado; esta es la que pido siempre a nuestro Señor y la que está más clara y segura.

Mas ¡ay de nosotros, qué pocos debemos de llegar a ella, aunque a quien se guarda de ofender al Señor y ha entrado en religión le parezca que todo lo tiene hecho! ¡Oh!, que quedan unos gusanos que no se dan a entender, hasta que, como el que royó la yedra a Jonás, nos han roído las virtudes, con un amor propio, una propia estimación, un juzgar los prójimos, aunque sea en pocas cosas, una falta de caridad con ellos, no los queriendo como a nosotros mismos; que, aunque arrastrando cumplimos con la obligación para no ser pecado, no llegamos con mucho a lo que ha de ser para estar del todo unidas con la voluntad de Dios.

¿Qué pensáis, hijas, que es su voluntad? Que seamos del todo perfectas; que para ser unos con él y con el Padre, como Su Majestad le pidió, mirad qué nos falta para llegar a esto. Yo os digo que lo estoy escribiendo con harta pena de verme tan lejos, y todo por mi culpa; que no ha menester el Señor hacernos grandes regalos para esto; basta lo que nos ha dado en darnos a su Hijo que nos enseñase el camino. No penséis que está la cosa en si se muere mi padre o hermano, conformarme tanto con la voluntad de Dios que no lo sienta; y si hay trabajos y enfermedades, sufrirlos con contento. Bueno es, y a las veces consiste en discreción, porque no podemos más, y hacemos de la necesidad virtud. Cuántas cosas de estas hacían los filósofos, o aunque no sea de estas, de otras, de tener mucho saber. Acá solas estas dos que nos pide el Señor: amor de Su Majestad y del prójimo, es en lo que hemos de trabajar. Guardándolas con perfección, hacemos su voluntad, y así estaremos unidos con él. Mas ¡qué lejos estamos de hacer, como debemos a tan gran Dios, estas dos cosas, como tengo dicho! Plega a Su Majestad nos dé gracia para que merezcamos llegar a este estado, que en nuestra mano está, si queremos.

La más cierta señal que, a mi parecer, hay de si guardamos estas dos cosas, es guardando bien la del amor del prójimo; porque si amamos a Dios no se puede saber, aunque hay indicios grandes para entender que le amamos; mas el amor del prójimo, sí. Y estad ciertas que mientras más en este os viereis aprovechadas, más lo estáis en el amor de Dios; porque es tan grande el que Su Majestad nos tiene, que en pago del que tenemos al prójimo hará que crezca el que tenemos a Su Majestad por mil maneras. En esto yo no puedo dudar.

Impórtanos mucho andar con gran advertencia cómo andamos en esto, que si es con mucha perfección, todo lo tenemos hecho; porque creo yo que según es malo nuestro natural, que si no es naciendo de raíz del amor de Dios, que no llegaremos a tener con perfección el del prójimo. Pues tanto nos importa esto, hermanas, procuremos irnos entendiendo en cosas aun menudas, y no haciendo caso de unas muy grandes que así por junto vienen en la oración de parecer que haremos y aconteceremos por los prójimos y por sola un alma que se salve; porque si no vienen después conformes las obras no hay para qué creer que lo haremos. Así digo de la humildad también y de todas las virtudes. Son grandes los ardides del demonio, que por hacernos entender que tenemos una, no la teniendo, dará mil vueltas al infierno. Y tiene razón, porque es muy dañoso, que nunca estas virtudes fingidas vienen sin alguna vanagloria como son de tal raíz; así como las que da Dios están libres de ella ni de soberbia.

Yo gusto algunas veces de ver unas almas, que cuando están en oración les parece querrían ser abatidas y públicamente afrentadas por Dios, y después una falta pequeña encubrirían si pudiesen, o que si no la han hecho y se la cargan, Dios nos libre. Pues mírese mucho quien esto no sufre, para no hacer caso de lo que a solas determinó, a su parecer; que en hecho de verdad no fue determinación de la voluntad, que cuando esta hay verdadera es otra cosa; sino alguna imaginación, que en esta hace el demonio sus saltos y engaños ; y a mujeres o gente sin letras, podrá hacer muchos, porque no sabemos entender las diferencias de potencias e imaginación y otras mil cosas que hay interiores. ¡Oh hermanas, cómo se ve claro adónde está de veras el amor del prójimo en algunas de vosotras, y en las que no está con esta perfección! Si entendieseis lo que nos importa esta virtud, no traeríais otro estudio.

Cuando yo veo almas muy diligentes a entender la oración que tienen y muy encapotadas cuando están en ella, que parece no se osan bullir ni menear el pensamiento porque no se les vaya un poquito de gusto y devoción que han tenido, háceme ver cuán poco entienden del camino por donde se alcanza la unión, y piensan que allí está todo el negocio. Que no, hermanas, no; obras quiere el Señor, y que si ves una enferma a quien puedes dar algún alivio, no se te dé nada de perder esa devoción y te compadezcas de ella; y si tiene algún dolor, te duela a ti; y si fuere menester, lo ayunes, porque ella lo coma, no tanto por ella como porque sabes que tu Señor quiere aquello. Esta es la verdadera unión con su voluntad, y que si vieres loar mucho a una persona te alegres más mucho que si te loasen a ti. Esto, a la verdad, fácil es, que si hay humildad, antes tendrá pena de verse loar. Mas esta alegría de que se entiendan las virtudes de las hermanas es gran cosa, y cuando viéremos alguna falta en alguna, sentirla como si fuera en nosotras y encubrirla.

Mucho he dicho en otras partes de esto, porque veo, hermanas, que si hubiese en ello quiebra vamos perdidas. Plega al Señor nunca la haya, que como esto sea, yo os digo que no dejéis de alcanzar de Su Majestad la unión que queda dicha. Cuando os viéreis faltas en esto, aunque tengáis devoción y regalos, que os parezca habéis llegado ahí, y alguna suspensioncilla en la oración de quietud (que algunas luego les parecerá que está todo hecho), creedme que no habéis llegado a unión, y pedid a nuestro Señor que os dé con perfección este amor del prójimo, y dejad hacer a Su Majestad, que él os dará más que sepáis desear como vosotras os esforcéis y procuréis en todo lo que pudiereis esto; y forzar vuestra voluntad para que se haga en todo la de las hermanas, aunque perdáis de vuestro derecho, y olvidar vuestro bien por el suyo, aunque más contradicción os haga el natural; y procurar tomar trabajo por quitarle al prójimo, cuando se ofreciere. No penséis que no ha de costar algo y que os lo habéis de hallar hecho. Mirad lo que costó a nuestro Esposo el amor que nos tuvo, que por librarnos de la muerte la murió tan penosa como muerte de cruz.

CAPÍTULO CUATRO

Paréceme que estáis con deseo de ver qué se hace esta palomica y adónde asienta, pues queda entendido que no es en gustos espirituales ni en contentos de la tierra: más alto es su vuelo. Y no os puedo satisfacer de este deseo hasta la postrera morada, y aun plega a Dios se me acuerde o tenga lugar de escribirlo; porque han pasado casi cinco meses desde que lo comencé hasta ahora ; y como la cabeza no está para tornarlo a leer, todo debe ir desbaratado y por ventura dicho algunas cosas dos veces. Como es para mis hermanas, poco va en ello.

Todavía quiero más declararos lo que me parece que es esta oración de unión. Conforme a mi ingenio pondré una comparación; después diremos más de esta mariposica, que no para (aunque siempre fructifica haciendo bien a sí y a otras almas), porque no halla su verdadero reposo.

Ya tendréis oído muchas veces que se desposa Dios con las almas espiritualmente. ¡Bendita sea su misericordia que tanto se quiere humillar! Y aunque sea grosera comparación, yo no hallo otra que más pueda dar a entender lo que pretendo que el sacramento del matrimonio. Porque aunque de diferente manera, porque en esto que tratamos jamás hay cosa que no sea espiritual (esto corpóreo va muy lejos, y los contentos espirituales que da el Señor y los gustos, al que deben tener los que se desposan, van mil leguas lo uno de lo otro), porque todo es amor con amor, y sus operaciones son limpísimas y tan delicadísimas y suaves, que no hay cómo se decir, mas sabe el Señor darlas muy bien a sentir.

Paréceme a mí que la unión aún no llega a desposorio espiritual; sino, como por acá cuando se han de desposar dos, se trata si son conformes y que el uno y el otro quieran, y aun que se vean, para que más se satisfaga el uno del otro, así acá, presupuesto que el concierto está ya hecho y que esta alma está muy bien informada cuán bien le está y determinada a hacer en todo la voluntad de su Esposo de todas cuantas maneras ella viere que le ha de dar contento, y Su Majestad, como quien bien entenderá si es así, lo está de ella, y así hace esta misericordia, que quiere que entienda más y que –como dicen– vengan a vistas y juntarla consigo. Podemos decir que es así esto, porque pasa en brevísimo tiempo. Allí no hay más dar y tomar, sino un ver el alma, por una manera secreta, quién es este Esposo que ha de tomar; porque por los sentidos y potencias en ninguna manera podía entender en mil años lo que aquí entiende en brevísimo tiempo; mas como es tal el Esposo, de sola aquella vista la deja más digna de que se vengan a dar las manos, como dicen; porque queda el alma tan enamorada, que hace de su parte lo que puede para que no se desconcierte este divino desposorio. Mas si esta alma se descuida a poner su afición en cosa que no sea él, piérdelo todo, y es tan grandísima pérdida como lo son las mercedes que va haciendo, y mucho mayor que se puede encarecer.

Por eso, almas cristianas a las que el Señor ha llegado a estos términos, por él os pido que no os descuidéis, sino que os apartéis de las ocasiones, que aún en este estado no está el alma tan fuerte que se pueda meter en ellas como lo está después de hecho el desposorio, que es en la morada que diremos tras esta; porque la comunicación no fue más de una vista –como dicen– y el demonio andará con gran cuidado a combatirla y a desviar este desposorio; que después, como ya la ve del todo rendida al Esposo, no osa tanto, porque la ha miedo, y tiene experiencia que, si alguna vez lo hace, queda con gran pérdida y ella con más ganancia.

Yo os digo, hijas, que he conocido a personas muy encumbradas, y llegar a este estado y con la gran sutileza y ardid del demonio, tornarlas a ganar para sí; porque debe de juntarse todo el infierno para ello, porque, como muchas veces digo, no pierden un alma sola, sino gran multitud. Ya él tiene experiencia en este caso; porque, si miramos la multitud de almas que por medio de una trae Dios a sí, es para alabarle mucho los millares que convertían los mártires: ¡una doncella como Santa Úrsula! Pues ¡las que habrá perdido el demonio por Santo Domingo y San Francisco y otros fundadores de Órdenes, y pierde ahora por el Padre Ignacio, el que fundó la Compañía!, que todos está claro –como lo leemos– recibían mercedes semejantes de Dios. ¿Qué fue esto sino que se esforzaron a no perder por su culpa tan divino desposorio? ¡Oh hijas mías!, que tan aparejado está este Señor a hacernos merced ahora como entonces, y aun en parte más necesitado de que las queramos recibir, porque hay pocos que miren por su honra, como entonces había. Querémonos mucho; hay muy mucha cordura para no perder de nuestro derecho. ¡Oh qué engaño tan grande!

El Señor nos dé luz para no caer en semejantes tinieblas, por su misericordia.

Podreisme preguntar o estar con duda de dos cosas: la primera, que si está el alma tan puesta con la voluntad de Dios como queda dicho, que ¿cómo se puede engañar, pues ella en todo no quiere hacer la suya? La segunda, ¿por qué vías puede entrar el demonio tan peligrosamente que se pierda vuestra alma, estando tan apartadas del mundo y tan llegadas a los sacramentos y en compañía –podemos decir– de ángeles, pues por la bondad del Señor todas no traen otros deseos sino de servirle y agradarle en todo?; que ya los que están metidos en las ocasiones del mundo, no es mucho. Yo digo que en esto tenéis razón, que harta misericordia nos ha hecho Dios; mas cuando veo –como he dicho– que estaba Judas en compañía de los Apóstoles, y tratando siempre con el mismo Dios, y oyendo sus palabras, entiendo que no hay seguridad en esto.

Respondiendo a lo primero, digo que si esta alma se estuviese siempre asida a la voluntad de Dios, que está claro que no se perdería; mas viene el demonio con unas sutilezas grandes, y debajo de color de bien vala desquiciando en poquitas cosas de ella y metiendo en algunas que él le hace entender que no son malas, y poco a poco oscureciendo el entendimiento y entibiando la voluntad y haciendo crecer en ella el amor propio, hasta que de uno en otro la va apartando de la voluntad de Dios y llegando a la suya.

De aquí queda respondido a lo segundo; porque no hay encerramiento tan encerrado adonde él no pueda entrar, ni desierto tan partado adonde deje de ir. Y aun otra cosa os digo, que quizá lo permite el Señor para ver cómo se ha aquel alma a quien quiere poner por luz de otras; que más vale que en los principios, si ha de ser ruin, lo sea que no cuando dañe a muchas.

La diligencia que a mí se me ofrece más cierta (después de pedir siempre a Dios en la oración que nos tenga de su mano, y pensar muy continuo cómo, si él nos deja, seremos luego en el profundo, como es verdad, y jamás estar confiadas en nosotras, pues será desatino estarlo), es andar con particular cuidado y aviso, mirando cómo vamos en las virtudes: si vamos mejorando o disminuyendo en algo, en especial en el amor unas con otras y en el deseo de ser tenida por la menor y en cosas ordinarias; que si miramos en ello y pedimos al Señor que nos dé luz, luego veremos la ganancia o la pérdida. Que no penséis que alma que llega Dios a tanto la deja tan aprisa de su mano que no tenga bien el demonio que trabajar, y siente Su Majestad tanto en que se le pierda, que le da mil avisos interiores de muchas maneras; así que no se le podrá esconder el daño.

En fin, sea la conclusión en esto, que procuremos siempre ir adelante, y si esto no hay, andemos con gran temor, porque sin duda algún salto nos quiere hacer el demonio; pues no es posible que, habiendo llegado a tanto, deje ir creciendo, que el amor jamás está ocioso, y así será harto mala señal. Porque alma que ha pretendido ser esposa del mismo Dios y tratádose ya con Su Majestad y llegado a los términos que queda dicho, no se ha de echar a dormir.

Y para que veáis, hija, lo que hace con las que ya tiene por esposas, comencemos a tratar de las sextas moradas, y veréis cómo es poco todo lo que pudiéremos servir y padecer y hacer para disponernos a tan grandes mercedes. Que podrá ser haber ordenado nuestro Señor que me lo mandasen escribir para que, puestos los ojos en el premio y viendo cuán sin tasa es su misericordia, pues con unos gusanos quiere así comunicarse y mostrarse, olvidemos nuestros contentillos de tierra y, puestos los ojos en su grandeza, corramos encendidas en su amor.

Plega a él que acierte yo a declarar algo de cosas tan dificultosas; que si Su Majestad y el Espíritu Santo no menea la pluma, bien sé que será imposible. Y si no ha de ser para vuestro provecho, le suplico no acierte a decir nada; pues sabe Su Majestad que no es otro mi deseo, a cuanto puedo entender de mí, sino que sea alabado su nombre, y que nos esforcemos a servir a un Señor que así paga aun acá en la tierra; por donde podemos entender algo de lo que nos ha de dar en el cielo, sin los intervalos y trabajos y peligros que hay en este mar de tempestades. Porque, a no le haber de perderle y ofenderle, descanso sería que no se acabase la vida hasta el fin del mundo, por trabajar por tan gran Dios y Señor y Esposo.

Plega a Su Majestad merezcamos hacerle algún servicio, sin tantas faltas como siempre tenemos, aun en las obras buenas, amén.

MORADAS SEXTAS

CAPÍTULO UNO

Pues vengamos con el favor del Espíritu Santo a hablar en las sextas moradas, adonde el alma ya queda herida del amor del Esposo y procura más lugar para estar sola y quitar todo lo que puede, conforme a su estado, que la puede estorbar de esta soledad.

Está tan esculpida en el alma aquella vista, que todo su deseo es tornarla a gozar. Ya he dicho que en esta oración no se ve nada que se pueda decir ver, ni con la imaginación; digo vista, por la comparación que puse. Ya el alma bien determinada queda a no tomar otro esposo; mas el Esposo no mira a los grandes deseos que tiene de que se haga ya el desposorio, que aún quiere que lo desee más y que le cueste algo Bien que es el mayor de los bienes. Y aunque todo es poco para tan grandísima ganancia, yo os digo, hijas, que no deja de ser menester la muestra y señal que ya se tiene de ella para poderse llevar. ¡Oh, válgame Dios, y qué son los trabajos interiores y exteriores que padece hasta que entra en la séptima morada!

Por cierto que algunas veces lo considero y que temo que, si se entendiesen antes, sería dificultosísimo determinarse la flaqueza natural para poderlo sufrir, ni determinarse a pasarlo, por bienes que se le representasen, salvo si no hubiese llegado a la séptima morada, que ya allí nada no se teme de arte que no se arroje muy de raíz el alma a pasarlo por Dios. Y es la causa que está casi siempre tan junta a Su Majestad, que de allí le viene la fortaleza. Creo será bien contaros algunos de los que yo sé que se pasan con certidumbre. Quizá no serán todas las almas llevadas por este camino, aunque dudo mucho que vivan libres de trabajos de la tierra de una manera o de otra las almas que a tiempos gozan tan de veras de cosas del cielo.

Aunque no tenía por mí de tratar de esto, he pensado que algún alma que se vea en ello le será gran consuelo saber que pasa en las que Dios hace semejantes mercedes, porque verdaderamente parece entonces que está todo perdido. No llevaré por concierto cómo suceden, sino como se me ofreciere a la memoria. Y quiero comenzar de los más pequeños, que es una grita de las personas con quien se trata, y aun con las que no trata sino que en su vida le pareció se podían acordar de ella: «Que se hace santa»; «que hace extremos para engañar el mundo y para hacer a los otros ruines; que son mejores cristianos sin esas ceremonias»; y hase de notar que no hay ninguna, sino procurar guardar bien su estado. Los que tenía por amigos, se apartan de ella y son los que le dan mejor bocado, y es de los que mucho se sienten: «Que va perdida aquel alma y notablemente engañada»; «que son cosas del demonio»; «que ha de ser como aquella y la otra persona que se perdió, y ocasión de que caiga la virtud»; «que trae engañados los confesores», e ir a ellos y decírselo, poniéndole ejemplos de lo que acaeció a algunos que se perdieron por aquí; mil maneras de mofas y de dichos de estos.

Yo sé de una persona que tuvo harto miedo no había de haber quien la confesase, según andaban las cosas, que por ser muchas no hay para qué me detener. Y es lo peor que no pasan de presto, sino que es toda la vida, y el avisarse unos a otros que se guarden de tratar personas semejantes.

Direisme que también hay quien diga bien. ¡Oh hijas, y qué pocos hay que crean ese bien, en comparación de los muchos que abominan! ¡Cuánto más que ese es otro trabajo mayor que los dichos! Porque, como el alma ve claro que si tiene algún bien es dado de Dios y en ninguna manera no suyo, porque poco antes se vio muy pobre y metida en grandes pecados, esle un tormento intolerable, al menos a los principios, que después no tanto, por algunas razones: la primera, porque la experiencia le hace claro ver que tan presto dicen bien como mal, y así no hace más caso de lo uno que de lo otro; la segunda, porque le ha dado el Señor mayor luz de que ninguna cosa es buena suya, sino dada de Su Majestad, y como si la viese en tercera persona, olvidada de que tiene allí ninguna parte, se vuelve a alabar a Dios; la tercera, si ha visto algunas almas aprovechadas de ver las mercedes que Dios la hace, piensa que tomó Su Majestad este medio de que la tuviesen por buena no lo siendo, para que a ellas les viniese bien; la cuarta, porque como tiene más delante la honra y gloria de Dios que la suya, quítase una tentación que da a los principios de que esas alabanzas han de ser para destruirla, como ha visto algunas, y dásele poco de ser deshonrada a trueco de que siquiera una vez sea Dios alabado por su medio; después, venga lo que viniere.

Estas razones y otras aplacan la mucha pena que dan estas alabanzas, aunque casi siempre se siente alguna, si no es cuando poco ni mucho se advierte; mas sin comparación es mayor trabajo verse así en público tener por buena sin razón, que no los dichos ; y cuando ya viene a no le tener mucho de esto, muy mucho menos le tiene de esotro, antes se huelga y le es como una música muy suave. Esto es gran verdad, y antes fortalece el alma que la acobarda; porque ya la experiencia la tiene enseñada la gran ganancia que le viene por este camino, y parécele que no ofenden a Dios los que la persiguen; antes, que lo permite Su Majestad para gran ganancia suya; y como la siente claramente, tómales un amor particular muy tierno, que le parece aquellos son más amigos y que la dan más a ganar que los que dicen bien.

También suele dar el Señor enfermedades grandísimas. Este es muy mayor trabajo, en especial cuando son dolores agudos, que en parte, si ellos son recios, me parece el mayor que hay en la tierra –digo exterior– aunque entren cuantos quisieren ; si es de los muy recios dolores, digo, porque descompone lo interior y exterior de manera que aprieta un alma que no sabe qué hacer de sí; y de muy buena gana tomaría cualquier martirio de presto, que estos dolores; aunque en grandísimo extremo no duran tanto, que en fin no da Dios más de lo que se puede sufrir, y da Su Majestad primero la paciencia; mas de otros grandes en lo ordinario y enfermedades de muchas maneras, yo conozco una persona que desde que comenzó el Señor a hacerla esta merced que queda dicha, que ha cuarenta años, no puede decir con verdad que ha estado día sin tener dolores y otras maneras de padecer, de falta de salud corporal, digo, sin otros grandes trabajos. Verdad es que había sido muy ruin, y para el infierno que merecía, todo se le hace poco. Otras, que no hayan ofendido tanto a nuestro Señor, las llevará por otro camino; mas yo siempre escogería el del padecer, siquiera por imitar a nuestro Señor Jesucristo, aunque no hubiese otra ganancia; en especial, que siempre hay muchas.

¡Oh!, pues si tratamos de los interiores, estotros parecerían pequeños, si estos se acertasen a decir, sino que es imposible darse a entender de la manera que pasan.

Comencemos por el tormento que da topar con un confesor tan cuerdo y poco experimentado, que no hay cosa que tenga por segura: todo lo teme, en todo pone duda, como ve cosas no ordinarias; en especial si en el alma que las tiene ve alguna imperfección (que les parece han de ser ángeles a quien Dios hiciere estas mercedes, y es imposible mientras estuvieren en este cuerpo), luego es todo condenado a demonio o melancolía. Y de esta está el mundo tan lleno, que no me espanto; que hay tanta ahora en el mundo y hace el demonio tantos males por este camino, que tienen muy mucha razón de temerlo y mirarlo muy bien los confesores. Mas la pobre alma que anda con el mismo temor y va al confesor como a juez, y ese la condena, no puede dejar de recibir tan gran tormento y turbación, que solo entenderá cuán gran trabajo es quien hubiere pasado por ello. Porque este es otro de los grandes trabajos que estas almas padecen, en especial si han sido ruines, pensar que por sus pecados ha Dios de permitir que sean engañadas; y aunque cuando Su Majestad les hace la merced están seguros y no pueden creer ser otro espíritu sino de Dios, como es cosa que pasa de presto y el acuerdo de los pecados se está siempre y ve en sí faltas –que estas nunca faltan–, luego viene este tormento. Cuando el confesor la asegura, aplácase, aunque torna; mas cuando él ayuda con más temor, es cosa casi insufrible; en especial, cuando tras estos vienen unas sequedades, que no parece que jamás se ha acordado de Dios ni se ha de acordar, y que como una persona de quien oyó decir desde lejos es cuando oye hablar de Su Majestad.

Todo no es nada, si no es que sobre esto venga el parecer que no sabe informar a los confesores y que los trae engañados; y aunque más piensa y ve que no hay primer movimiento que no los diga, no aprovecha; que está el entendimiento tan oscuro que no es capaz de ver la verdad, sino creer lo que la imaginación le representa que entonces ella es la señora), y los desatinos que el demonio la quiere representar, a quien debe nuestro Señor de dar licencia para que la pruebe y aun para que la haga entender que está reprobada de Dios. Porque son muchas las cosas que la combaten con un apretamiento interior de manera tan sensible e intolerable, que yo no sé a qué se pueda comparar, sino a los que padecen en el infierno; porque ningún consuelo se admite en esta tempestad. Si le quieren tomar con el confesor, parece han acudido los demonios a él para que la atormente más; y así, tratando uno con un alma que estaba en este tormento, después de pasado (que parece apretamiento peligroso por ser de tantas cosas juntas), la decía le avisase cuando estuviese así, y siempre era tan peor, que vino él a entender que no era más en su mano. Pues si se quiere tomar un libro de romance, persona que le sabía bien leer, le acaecía no entender más de él que si no supiera letra, porque no estaba el entendimiento capaz.

En fin, que ningún remedio hay en esta tempestad, sino aguardar a la misericordia de Dios, que a deshora, con una palabra sola suya o una ocasión que acaso sucedió, lo quita todo tan de presto, que parece no hubo nublado en aquel alma, según queda llena de sol y de mucho más consuelo; y como quien se ha escapado de una batalla peligrosa con haber ganado la victoria, queda alabando a nuestro Señor, que fue el que peleó para el vencimiento; porque conoce muy claro que ella no peleó; que todas las armas con que se podía defender le parece que las ve en manos de su contrario, y así conoce claramente su miseria y lo poquísimo que podemos de nosotros si nos desamparase el Señor.

Parece que ya no ha menester consideración para entender esto, porque la experiencia de pasar por ello, habiéndose visto del todo inhabilitada, le hacía entender nuestra nonada, y cuán miserable cosa somos; porque la gracia aunque no debe estar sin ella, pues con toda esta tormenta no ofende a Dios ni le ofendería por cosa de la tierra), está tan escondida, que ni aun una centella muy pequeña le parece no ve de que tiene amor de Dios ni que le tuvo jamás; porque si ha hecho algún bien o Su Majestad le ha hecho alguna merced, todo le parece cosa soñada y que fue antojo. Los pecados ve cierto que los hizo.

¡Oh Jesús, y qué es ver un alma desamparada de esta suerte, y –como he dicho– cuán poco le aprovecha ningún consuelo de la tierra! Por eso no penséis, hermanas, si alguna vez os viereis así, que los ricos y los que están con libertad tendrán para estos tiempos más remedio. No, no, que me parece a mí es como si a los condenados les pusiesen cuantos deleites hay en el mundo delante, no bastarían para darles alivio, antes les acrecentaría el tormento; así acá viene de arriba, y no valen aquí nada cosas de la tierra. Quiere este gran Dios que conozcamos rey y nuestra miseria, e importa mucho para lo de adelante.

Pues ¿qué hará esta pobre alma cuando muchos días le durare así? Porque si reza, es como si no rezase, para su consuelo, digo; que no se admite en lo interior, ni aun se entiende lo que reza ella misma a sí, aunque sea vocal, que para mental no es este tiempo en ninguna manera, porque no están las potencias para ello, antes hace mayor daño la soledad, con que es otro tormento por sí estar con nadie ni que la hablen. Y así, por muy mucho que se esfuerce, anda con un desabrimiento y mala condición en lo exterior, que se le echa mucho de ver.

¿Es verdad que sabrá decir lo que ha? Es indecible; porque son apretamientos y penas espirituales, que no se saben poner nombre. El mejor remedio –no digo para que se quite, que yo no le hallo, sino para que se pueda sufrir– es entender en obras de caridad y exteriores, y esperar en la misericordia de Dios, que nunca falta a los que en él esperan. Sea por siempre bendito, amén.

Otros trabajos que dan los demonios, exteriores, no deben ser tan ordinarios, y así no hay para qué hablar en ellos, ni son tan penosos con gran parte; porque, por mucho que hagan, no llegan a inhabilitar así las potencias, a mi parecer, ni a turbar el alma de esta manera; que, en fin, queda razón para pensar que no pueden hacer más de lo que el Señor les diere licencia, y cuando esta no está perdida, todo es poco en comparación de lo que queda dicho.

Otras penas interiores iremos diciendo en esta morada, tratando diferencias de oración y mercedes del Señor; que aunque algunas son aun más recio que lo dicho en el padecer, como se verá por cuál deja el cuerpo, no merecen nombre de trabajos, ni es razón que se le pongamos, por ser tan grandes mercedes del Señor, y que en medio de ellos entiende el alma que lo son y muy fuera de sus merecimientos. Viene ya esta pena grande para entrar en la séptima morada, con otros hartos, que algunos diré, porque todos será imposible, ni aun declarar cómo son, porque vienen de otro linaje que los dichos, muy más alto; y si en ellos, con ser de más baja casta, no he podido declarar más de lo dicho, menos podré en estotro. El Señor dé para todo su favor por los méritos de su Hijo, amén.

CAPÍTULO DOS

Parece que hemos dejado mucho la palomica, y no hemos; porque estos trabajos son los que la hacen tener más alto vuelo.

Pues comencemos ahora a tratar de la manera que se ha con ella el Esposo y cómo antes que del todo lo sea se lo hace bien desear, por unos medios tan delicados, que el alma misma no los entiende, ni yo creo acertaré a decir para que lo entienda, si no fueren las que han pasado por ello; porque son unos impulsos tan delicados y sutiles, que proceden de lo muy interior del alma, que no sé comparación que poner que cuadre.

Va bien diferente de todo lo que acá podemos procurar y aun de los gustos que quedan dichos, que muchas veces estando la misma persona descuidada y sin tener la memoria en Dios, Su Majestad la despierta a manera de una cometa que pasa de presto, o un trueno, aunque no se oye ruido; mas entiende muy bien el alma que fue llamada de Dios, y tan entendido, que algunas veces, en especial a los principios, la hace estremecer y aun quejar, sin ser cosa que le duele. Siente ser herida sabrosísimamente, mas no atina cómo ni quién la hirió; mas bien conoce ser cosa preciosa y jamás querría ser sana de aquella herida. Quéjase con palabras de amor, aun exteriores, sin poder hacer otra cosa, a su Esposo; porque entiende que está presente, mas no se quiere manifestar de manera que deje gozarse. Y es harta pena, aunque sabrosa y dulce; y aunque quiera no tenerla, no puede; mas esto no querría jamás: mucho más le satisface que el embebecimiento sabroso que carece de pena de la oración de quietud.

Deshaciéndome estoy, hermanas, por daros a entender esta operación de amor, y no sé cómo. Porque parece cosa contraria dar a entender el Amado claramente que está con el alma, y parecer que la llama con una seña tan cierta que no se puede dudar y un silbo tan penetrativo para entenderle el alma que no le puede dejar de oír; porque no parece sino que en hablando el Esposo, que está en la séptima morada, por esta manera que no es habla formada, toda la gente que está en las otras no se osan bullir, ni sentidos, ni imaginación, ni potencias.

¡Oh mi poderoso Dios, qué grandes son vuestros secretos, y qué diferentes las cosas del Espíritu Santo a cuanto por acá se puede ver ni entender, pues con ninguna cosa se puede declarar esta tan pequeña para las muy grandes que obráis con las almas!

Hace en ella tan gran operación, que se está deshaciendo de deseo y no sabe qué pedir, porque claramente le parece que está con ella su Dios.

Direisme: pues si esto entiende, ¿qué desea, o qué le da pena?, ¿qué mayor bien quiere? No lo sé; sé que parece le llega a las entrañas esta pena, y que, cuando de ellas saca la saeta el que la hiere, verdaderamente parece que se las lleva tras sí, según el sentimiento de amor siente. Estaba pensando ahora si sería que de este fuego del brasero encendido que es mi Dios, saltaba alguna centella y daba en el alma, de manera que se dejaba sentir aquel encendido fuego, y como no era aún bastante para quemarla y él es tan deleitoso, queda con aquella pena y al tocar hace aquella operación; y paréceme es la mejor comparación que he acertado a decir. Porque este dolor sabroso –y no es dolor– no está en un ser; aunque a veces dura gran rato, otras de presto se acaba, como quiere comunicarle el Señor, que no es cosa que se puede procurar por ninguna vía humana. Mas aunque está algunas veces rato, quítase y torna; en fin, nunca está estante, y por eso no acaba de abrasar el alma, sino ya que se va a encender, muérese la centella y queda con deseo de tornar a padecer aquel dolor amoroso que le causa.

Aquí no hay que pensar si es cosa movida del mismo natural, ni causada de melancolía, ni tampoco engaño del demonio, ni si es antojo; porque es cosa que se deja muy bien entender ser este movimiento de adonde está el Señor, que es inmutable; y las operaciones no son como de otras devociones, que el mucho embebecimiento del gusto nos puede hacer dudar. Aquí están todos los sentidos y potencias sin ningún embebecimiento, mirando qué podrá ser, sin estorbar nada ni poder acrecentar aquella pena deleitosa ni quitarla, a mi parecer.

A quien nuestro Señor hiciere esta merced (que, si se la ha hecho, en leyendo esto lo entenderá), dele muy muchas gracias, que no tiene que temer si es engaño; tema mucho si ha de ser ingrato a tan gran merced, y procure esforzarse a servir y a mejorar en todo su vida, y verá en lo que para y cómo recibe más y más; aunque a una persona que esto tuvo pasó algunos años con ello y con aquella merced estaba bien satisfecha, que si multitud de años sirviera al Señor con grandes trabajos, quedaba con ella muy bien pagada. Sea bendito por siempre jamás, amén.

Podrá ser que reparéis en cómo más en esto que en otras cosas hay seguridad A mi parecer por estas razones: *la primera*, porque jamás el demonio debe dar pena sabrosa como esta; podrá él dar el sabor y el deleite que parezca espiritual; mas juntar pena, y tanta, con quietud y gusto del alma, no es de su facultad; que todos sus poderes están por las adefueras, y sus penas, cuando él las da, no son, a mi parecer, jamás sabrosas ni con paz, sino inquietas y con guerra. *La segunda*, porque esta tempestad sabrosa viene de otra región de las que él puede señorear. *La tercera*, por los grandes provechos que quedan en el alma, que es lo más ordinario determinarse a padecer por Dios y desear tener muchos trabajos, y quedar muy más determinada a apartarse de los contentos y conversaciones de la tierra, y otras cosas semejantes.

El no ser antojo, está muy claro; porque aunque otras veces lo procure, no podrá contrahacer aquello. Y es cosa tan notoria, que en ninguna manera se puede antojar, digo parecer que es, no siendo, ni dudar de que es; y si alguna quedare, sepan que no son estos verdaderos ímpetus; digo, si dudare en si le tuvo, o si no; porque así se da a sentir, como a los oídos una gran voz. Pues ser melancolía, no lleva camino ninguno, porque la melancolía no hace y fabrica sus antojos sino en la imaginación; estotro procede de lo interior del alma.

Ya puede ser que yo me engañe, mas hasta oír otras razones a quien lo entienda, siempre estaré en esta opinión; y así sé de una persona harto llena de temor de estos engaños, que de esta oración jamás le pudo tener.

También suele nuestro Señor tener otras maneras de despertar el alma: que a deshora, estando rezando vocalmente y con descuido de cosa interior, parece viene una inflamación deleitosa, como si de presto viniese un olor tan grande que se comunicase por todos los sentidos (no digo que es olor, sino pongo esta comparación) o cosa de esta manera, solo para dar a sentir que está allí el Esposo; mueve un deseo sabroso de gozar el alma de él, y con esto queda dispuesta para hacer grandes actos y alabanzas a nuestro Señor. Su nacimiento de esta merced es de donde lo que queda dicho; mas aquí no hay cosa que dé pena, ni los deseos mismos de gozar a Dios son penosos: esto es más ordinario sentirlo el alma. Tampoco me parece que hay aquí que temer, por algunas razones de las dichas, sino procurar admitir esta merced con hacimiento de gracias.

CAPÍTULO TRES

Otra manera tiene Dios de despertar al alma, y aunque en alguna manera parece mayor merced que las dichas, podrá ser más peligrosa, y por eso me detendré algo en ella, que son unas hablas con el alma de muchas maneras: unas parece vienen de fuera, otras de lo muy interior del alma, otras de lo superior de ella, otras tan en lo exterior que se oyen con los oídos, porque parece es voz formada. Algunas veces, y muchas, puede ser antojo, en especial en personas de flaca imaginación o melancólicas, digo de melancolía notable.

De estas dos maneras de personas no hay que hacer caso, a mi parecer, aunque digan que ven y oyen y entienden, ni inquietarlas con decir que es demonio; sino oírlas como a personas enfermas, diciendo la priora o confesor, a quien lo dijere, que no haga caso de ello, que no es la sustancia para servir a Dios y que a muchos ha engañado el demonio por allí, aunque no será quizá así a ella, por no la afligir más que trae con su humor; porque si le dicen que es melancolía, nunca acabará, que jurará que lo ve y lo oye, porque le parece así.

Verdad es que es menester traer cuenta con quitarle la oración, y lo más que se pudiere que no haga caso de ello; porque suele el demonio aprovecharse de estas almas así enfermas, aunque no sea para su daño, para el de otros; y a enfermas y sanas, siempre de estas cosas hay que temer hasta ir entendiendo el espíritu. Y digo que siempre es lo mejor a los principios deshacérsele; porque si es de Dios, es más ayuda para ir adelante, y antes crece cuando es probado. Esto es así, mas no sea apretando mucho el alma e inquietándola, porque verdaderamente ella no puede más.

Pues tornando a lo que decía de las hablas con el ánima, de todas las maneras que he dicho, pueden ser de Dios y también del demonio y de la propia imaginación. Diré, si acertare, con el favor del Señor, las señales que hay en estas diferencias y cuándo serán estas hablas peligrosas. Porque hay muchas almas que las entienden entre gente de oración, y querría, hermanas, que no penséis hacéis mal en no las dar crédito, ni tampoco en dársele cuando son solamente para vosotras mismas de regalo o aviso de faltas vuestras, dígalas quien las dijere, o sea antojo, que poco va en ello. De una cosa os aviso, que no penséis, aunque sean de Dios, seréis por eso mejores, que harto habló a los fariseos, y todo el bien está cómo se aprovechan de estas palabras; y ninguna que no vaya muy conforme a la Escritura hagáis más caso de ellas que si las oyeseis al mismo demonio; porque aunque sean de vuestra flaca imaginación, es menester tomarse como una tentación de cosas de la fe, y así resistir siempre, para que se vayan quitando; y sí quitarán, porque llevan poca fuerza consigo.

Pues tornando a lo primero, que venga de lo interior, que de lo superior, que de lo exterior, no importa para dejar de ser de Dios. Las más ciertas señales que se puede tener, a mi parecer, son estas :

La primera y más verdadera es el poderío y señorío que traen consigo, que es hablando y obrando. Declárome más: está un alma en toda la tribulación y alboroto interior que queda dicho y oscuridad del entendimiento y sequedad; con una palabra de estas que diga solamente: *No tengas pena*, queda sosegada y sin ninguna, y con gran luz, quitada toda aquella pena con que le parecía que todo el mundo y letrados que se juntaran a darle razones para que no la tuviese, no la pudieran con cuanto trabajaran quitar de aquella aflicción. Está afligida por haberle dicho su confesor y otros, que es espíritu del demonio el que tiene, y toda llena de temor: y con una palabra que se le diga solo: *Yo soy, no hayas miedo*, se le quita del todo y queda consoladísima, y pareciéndole que ninguno bastará a hacerla creer otra cosa. Está con mucha pena de algunos negocios graves, que no sabe cómo han de suceder: entiende que se sosiegue, que todo sucederá bien. Queda con certidumbre y sin pena. Y de esta manera otras muchas cosas.

La segunda razón, una gran quietud que queda en el alma, y recogimiento devoto y pacífico, y dispuesta para alabanzas de Dios. ¡Oh Señor! Si una palabra enviada a decir con un paje vuestro (que a lo que dicen, al menos estas en esta morada no las dice el mismo Señor, sino algún ángel), tienen tanta fuerza, ¿qué tal la dejaréis en el alma que está atada por amor con Vos y Vos con ella?

La tercera señal es no pasarse estas palabras de la memoria en muy mucho tiempo y algunas jamás –como se pasan las que por acá entendemos, digo que oímos de los hombres, que aunque sean muy graves y letrados, no las tenemos tan esculpidas en la memoria, ni tampoco, si son en cosas por venir, las creemos como a estas–, que queda una certidumbre grandísima, de manera que, aunque algunas veces en cosas muy imposibles, al parecer, no deja de venirle duda si será o no será y andan con algunas vacilaciones el entendimiento, en la misma alma está una seguridad que no se puede rendir, aunque le parezca que vaya todo al contrario de lo que entendió, y pasan años, no se le quita aquel pensar que Dios buscará otros medios que los hombres no entienden, mas que, en fin, se ha de hacer, y así es que se hace; aunque, como digo, no se deja de padecer cuando ve muchos desvíos, porque como ha tiempo que lo entendió, y las operaciones y certidumbre que al presente quedan de ser Dios es ya pasado, han lugar estas dudas, pensando si fue demonio, si fue de la imaginación. Ninguna de estas le queda al presente, sino que moriría por aquella verdad. Mas, como digo, con todas estas imaginaciones, que debe poner el demonio para dar pena y acobardar el alma, en especial si es en negocio que en el hacerse lo que se entendió ha de haber muchos bienes de almas, y es obras para gran honra y servicio de Dios, y en ellas hay gran dificultad, ¿qué no hará? Al menos enflaquece la fe, que es harto daño no creer que Dios es poderoso para hacer obras que no entienden nuestros entendimientos.

Con todos estos combates, aunque haya quien diga a la misma persona que son disparates (digo los confesores con quien se tratan estas cosas), y con cuantos malos sucesos hubiere para dar a entender que no se pueden cumplir, queda una centella –no sé dónde– tan viva de que será, aunque todas las demás esperanzas estén muertas, que no podría, aunque quisiese, dejar de estar viva aquella centella de seguridad. Y en fin –como he dicho– se cumple la palabra del Señor, y queda el alma tan contenta y alegre, que no querría sino alabar siempre a Su Majestad, y mucho más por ver cumplido lo que se le había dicho que por la misma obra, aunque le vaya muy mucho en ella.

No sé en qué va esto que tiene en tanto el alma que salgan estas palabras verdaderas, que si a la misma persona la tomasen en algunas mentiras, no creo sentiría tanto; como si ella en esto pudiese más, que no dice sino lo que la dicen. Infinitas veces se acordaba cierta persona de Jonás, profeta, sobre esto, cuando temía no había de perderse Nínive. En fin, como es Espíritu de Dios, es razón se le tenga esta fidelidad en desear no le tengan por falso, pues es la suma verdad. Y así es grande la alegría, cuando después de mil rodeos y en cosas dificultosísimas lo ve cumplido. Aunque a la misma persona se le hayan de seguir grandes trabajos de ello, los quiere más pasar que no que deje de cumplirse lo que tiene por cierto le dijo el Señor. Quizá no todas personas tendrán esta flaqueza, si lo es, que no lo puedo condenar por malo.

Si son de la imaginación, ninguna de estas señales hay, ni certidumbre ni paz y gusto interior; salvo que podría acaecer, y aun yo sé de algunas personas a quien ha acaecido, estando muy embebidas en oración de quietud y sueño espiritual, que algunas son tan flacas de complexión o imaginación, o no sé la causa, que verdaderamente en este gran recogimiento están tan fuera de sí, que no se sienten en lo exterior, y están tan adormecidos todos los sentidos, que como una persona que duerme, y aun quizá es así que están adormecidas, como manera de sueño les parece que las hablan y aun que ven cosas, y piensan que cs de Dios, y dejan los efectos en fin como de sueño. Y también podría ser pidiendo una cosa a Nuestro Señor afectuosamente, parecerles que le dicen lo que quieren, y esto acaece algunas veces. Mas a quien tuviere mucha experiencia de las hablas de Dios, no se podrá engañar en esto –a mi parecer– de la imaginación.

Del demonio hay más que temer. Mas si hay las señales que quedan dichas, mucho se puede asegurar ser de Dios, aunque no de manera que si es cosa grave lo que se le dice y que se ha de poner por obra de sí o de negocios de terceras personas, jamás haga nada, ni le pase por pensamiento, sin parecer de confesor letrado y avisado y siervo de Dios, aunque más y más entienda y le parezca claro ser de Dios; porque esto quiere Su Majestad, y no es dejar de hacer lo que él manda, pues nos tiene dicho tengamos al confesor en su lugar, adonde no se puede dudar ser palabras suyas; y estas ayudan a dar ánimo, si es negocio dificultoso, y Nuestro Señor le pondrá al confesor y le hará crea es espíritu suyo, cuando él lo quisiere; y si no, no están más obligados. Y hacer otra cosa sino lo dicho y seguirse nadie por su parecer en esto, téngolo por cosa muy peligrosa; y así, hermanas, os amonesto de parte de Nuestro Señor que jamás os acaezca.

Otra manera hay como habla el Señor al alma, que yo tengo para mí ser muy cierto de su parte, con alguna visión intelectual, que adelante diré cómo es. Es tan en lo íntimo del alma, y parécele tan claro oír aquellas palabras con los oídos del alma al mismo Señor y tan en secreto, que la misma manera del entenderlas, con las operaciones que hace la misma visión, asegura y da certidumbre no poder el demonio tener parte allí. Deja grandes efectos para creer esto; al menos hay seguridad de que no procede de la imaginación; y también, si hay advertencia, la puede siempre tener de esto, por estas razones:

La primera, porque debe ser diferente en la claridad de la

habla, que lo es tan clara, que una sílaba que falte de lo que entendió, se acuerda, y si se dijo por un estilo o por otro, aunque sea todo una sentencia; y en lo que se antoja por la imaginación, será no habla tan clara ni palabras tan distintas, sino como cosa medio soñada.

La segunda, porque acá no se pensaba muchas veces en lo que se entendió –digo que es a deshora y aun algunas estando en conversación–, aunque hartas se responde a lo que pasa de presto por el pensamiento o a lo que antes se ha pensado; mas muchas es en cosas que jamás tuvo acuerdo de que habían de ser ni serían, y así no las podía haber fabricado la imaginación para que el alma se engañase en antojársele lo que no había deseado ni querido ni venido a su noticia.

La tercera, porque lo uno es como quien oye, y lo de la imaginación es como quien va componiendo lo que él mismo quiere que le digan, poco a poco.

La cuarta, porque las palabras son muy diferentes, y con una se comprende mucho, lo que nuestro entendimiento no podría componer tan de presto.

La quinta, porque junto con las palabras muchas veces, por un modo que yo no sabré decir, se da a entender mucho más de lo que ellas suenan sin palabras.

En este modo de entender hablaré en otra parte más, que es cosa muy delicada y para alabar a Nuestro Señor. Porque en esta manera y diferencias ha habido personas muy dudosas –en especial alguna por quien ha pasado y así habrá otras– que no acababan de entenderse; y así sé que lo ha mirado con mucha advertencia, porque han sido muy muchas veces las que el Señor le hace esta merced, y la mayor duda que tenía era en esto si se le antojaba, a los principios; que el ser demonio más presto se puede entender, aunque son tantas sus sutilezas, que sabe bien contrahacer el espíritu de luz; mas será –a mi parecer– en las palabras, decirlas muy claras, que tampoco quede duda si se entendieron como en el espíritu de verdad; mas no podrá contrahacer los efectos que quedan dichos, ni dejar esa paz en el alma, ni luz, antes inquietud y alboroto. Mas puede hacer poco daño o ninguno si el alma es humilde y hace lo que he dicho, de no se mover a hacer nada por cosa que entienda.

Si son favores y regalos del Señor, mire con atención: si por ello se tiene por mejor y si mientras mayor palabra de regalo no quedare más confundida, crea que no es espíritu de Dios. Porque es cosa muy cierta que, cuando lo es, mientras mayor merced le hace, muy más en menos se tiene la misma alma y más acuerdo trae de sus pecados y más olvidada de su ganancia y más empleada su voluntad y memoria en querer solo la honra de Dios, ni acordarse de su propio provecho, y con más temor anda de torcer en ninguna cosa su voluntad, y con mayor certidumbre de que nunca mereció aquellas mercedes, sino el infierno. Como hagan estos efectos todas las cosas y mercedes que tuviere en la oración, no ande el alma espantada, sino confiada en la misericordia del Señor, que es fiel y no dejará al demonio que la engañe, aunque siempre es bien se ande con temor.

Podrá ser que a las que no lleva el Señor por este camino les parezca que podrían estas almas no escuchar estas palabras que les dicen y, si son interiores, distraerse de manera que no se admitan, y con esto andarán sin estos peligros.

A esto respondo que es imposible. No hablo de las que se les antoja, que con no estar tanto apeteciendo alguna cosa ni queriendo hacer caso de las imaginaciones, tienen remedio. Acá ninguno; porque de tal manera el mismo Espíritu que habla hace parar todos los otros pensamientos y advertir a lo que se dice, que en alguna manera me parece, y creo es así, que sería más posible no entender a una persona que hablase muy a voces a otra que oyese muy bien; porque podría no advertir, y poner el pensamiento y entendimiento en otra cosa; mas en lo que tratamos no se puede hacer: no hay oídos que se tapar, ni poder para pensar sino en lo que se le dice, en ninguna manera; porque el que pudo hacer parar el sol –por petición de Josué creo era– puede hacer parar las potencias y todo el interior de manera que ve bien el alma que otro mayor Señor gobierna aquel castillo que ella, y hácela harta devoción y humildad. Así que en excusarlo no hay remedio ninguno. Dénosle la divina Majestad, para que solo pongamos los ojos en contentarle y nos olvidemos de nosotros mismos, como he dicho, amén.

Plega a él que haya acertado a dar a entender lo que en esto he pretendido y que sea de algún aviso para quien lo tuviere.

CAPÍTULO CUATRO

Con estas cosas dichas de trabajos y las demás, ¿qué sosiego puede traer la pobre mariposica? Todo es para más desear gozar al Esposo; y Su Majestad, como quien conoce nuestra flaqueza, vala habilitando con estas cosas y otras muchas para que tenga ánimo de juntarse con tan gran Señor y tomarle por Esposo.

Reíros heis de que digo esto y pareceros ha desatino, porque cualquiera de vosotras os parecerá que no es menester y que no habrá ninguna mujer tan baja que no le tenga para desposarse con el rey. Así lo creo yo con el de la tierra, mas con el del cielo yo os digo que es menester más de lo que pensáis; porque nuestro natural es muy tímido y bajo para tan gran cosa, y tengo por cierto que, si no le diese Dios con cuanto veis que nos está bien, sería imposible. Y así veréis lo que hace Su Majestad para concluir este desposorio, que entiendo yo debe ser cuando da arrobamientos, que la saca de sus sentidos; porque si estando en ellos se viese tan cerca de esta gran Majestad, no era posible por ventura quedar con vida. Entiéndese arrobamientos que lo sean, y no flaquezas de mujeres como por acá tenemos, que todo nos parece arrobamiento y éxtasis, y –como creo dejo dicho– hay complexiones tan flacas, que con una oración de quietud se mueren.

Quiero poner aquí algunas maneras que yo he entendido (como he tratado con tantas personas espirituales) que hay de arrobamientos, aunque no sé si acertaré, como en otra parte que lo escribí, esto y algunas cosas de las que van aquí, que por algunas razones ha parecido no va nada tornarlo a decir, aunque no sea sino porque vayan las moradas por junto aquí.

Una manera hay que estando el alma, aunque no sea en oración, tocada con alguna palabra que se acordó u oye de Dios, parece que Su Majestad desde lo interior del alma hace crecer la centella que dijimos ya, movido de piedad de haberla visto padecer tanto tiempo por su deseo, que abrasada toda ella como un ave fénix queda renovada y, piadosamente se puede creer, perdonadas sus culpas; hase de entender, con la disposición y medios que esta alma habrá tenido, como la Iglesia lo enseña), y así limpia, la junta consigo, sin entender aquí nadie sino ellos dos, ni aun la misma alma entiende de manera que lo pueda después decir, aunque no está sin sentido interior; porque no es como a quien toma un desmayo o paroxismo, que ninguna cosa interior ni exterior entiende.

Lo que yo entiendo en este caso es que el alma nunca estuvo tan despierta para las cosas de Dios ni con tan gran luz y conocimiento de Su Majestad. Parecerá imposible, porque si las potencias están tan absortas, que podemos decir que están muertas, y los sentidos lo mismo, ¿cómo se puede entender que entiende ese secreto? Yo no lo sé, ni quizá ninguna criatura, sino el mismo Criador, y otras cosas muchas que pasan en este estado, digo en estas dos moradas; que esta y la postrera se pudieran juntar bien, porque de la una a la otra no hay puerta cerrada. Porque hay cosas en la postrera que no se han manifestado a los que aún no han llegado a ella, me pareció dividirlas.

Cuando estando el alma en esta suspensión, el Señor tiene por bien de mostrarle algunos secretos, como de cosas del cielo y visiones imaginarias, esto sábelo después decir, y de tal manera queda imprimido en la memoria, que nunca jamás se olvida; mas cuando son visiones intelectuales, tampoco las sabe decir; porque debe haber algunas en estos tiempos tan subidas que no las convienen entender los que viven en la tierra para poderlas decir; aunque estando en sus sentidos, por acá se pueden decir muchas de estas visiones intelectuales. Podrá ser que no entendáis algunas qué cosa es visión, en especial las intelectuales. Yo lo diré a su tiempo, porque me lo ha mandado quien puede; y aunque parezca cosa impertinente, quizá para algunas almas será de provecho.

Pues direisme: si después no ha de haber acuerdo de esas mercedes tan subidas que ahí hace el Señor al alma, ¿qué provecho le traen? ¡Oh hijas!, que es tan grande, que no se puede encarecer; porque, aunque no las saben decir, en lo muy interior del alma quedan bien escritas y jamás se olvidan.

Pues si no tienen imagen ni las entienden las potencias, ¿cómo se pueden acordar? Tampoco entiendo eso; mas entiendo que quedan unas verdades en esta alma tan fijas de la grandeza de Dios, que cuando no tuviera fe que le dice quién es y que está obligada a creerle por Dios, le adorara desde aquel punto por tal, como hizo Jacob cuando vio la escala, que con ella debía de entender otros secretos, que no los supo decir; que por solo ver una escala que bajaban y subían ángeles, si no hubiera más luz interior, no entendiera tan grandes misterios.

No sé si atino en lo que digo, porque aunque lo he oído, no sé si se me acuerda bien. Ni tampoco Moisés supo decir todo lo que vio en la zarza, sino lo que quiso Dios que dijese; mas si no mostrara Dios a su alma secretos con certidumbre para que viese y creyese que era Dios, no se pusiera en tantos y tan grandes trabajos; mas debía entender tan grandes cosas dentro de los espinos de aquella zarza, que le dieron ánimo para hacer lo que hizo por el pueblo de Israel. Así que, hermanas, las cosas ocultas de Dios no hemos de buscar razones para entenderlas, sino que, como creemos que es poderoso, está claro que hemos de creer que un gusano de tan limitado poder como nosotros que no ha de entender sus grandezas. Alabémosle mucho, porque es servido que entendamos algunas.

Deseando estoy acertar a poner una comparación para si pudiese dar a entender algo de esto que estoy diciendo, y creo no la hay que cuadre, mas digamos esta: entráis en un aposento de un rey o gran señor, o creo camarín los llaman, adonde tienen infinitos géneros de vidrios y barros y muchas cosas, puestas por tal orden, que casi todas se ven en entrando. Una vez me llevaron a una pieza de estas en casa de la duquesa de Alba (adonde viniendo de camino me mandó la obediencia estar, por haberlos importunado esta señora), que me quedé espantada en entrando, y consideraba de qué podía aprovechar aquella baraúnda de cosas y veía que se podía alabar al Señor de ver tantas diferencias de cosas, y ahora me cae en gracia cómo me ha aprovechado para aquí; y aunque estuve allí un rato, era tanto lo que había que ver, que luego se me olvidó todo, de manera que de ninguna de aquellas piezas me quedó más memoria que si nunca las hubiera visto, ni sabría decir de qué hechura eran, mas por junto acuérdase que lo vio.

Así acá, estando el alma tan hecha una cosa con Dios, metida en este aposento de cielo empíreo que debemos tener en lo interior de nuestras almas (porque claro está, que pues Dios está en ellas, que tiene alguna de estas moradas), y aunque cuando está así el alma en éxtasis, no debe siempre el Señor querer que vea estos secretos (porque está tan embebida en gozarle, que le basta tan gran bien), algunas veces gusta que se desembeba y de presto vea lo que está en aquel aposento, y así queda, después que torna en sí, con aquel representársele las grandezas que vio; mas no puede decir ninguna, ni llega su natural a más de lo que sobrenatural ha querido Dios que vea.

Luego ya confieso que fue ver, y que es visión imaginaria. No quiero decir tal, que no es esto de que trato sino visión intelectual; que, como no tengo letras, mi torpeza no sabe decir nada; que, lo que he dicho hasta aquí en esta oración, entiendo claro que, si va bien, que no soy yo la que lo he dicho.

Yo tengo para mí que si algunas veces no entiende de estos secretos, en los arrobamientos, el alma a quien los ha dado Dios, que no son arrobamientos, sino alguna flaqueza natural, que puede ser a personas de flaca complexión, como somos las mujeres, con alguna fuerza de espíritu sobrepujar al natural y quedarse así embebidas, como creo dije en la oración de quietud. Aquellos no tienen que ver con arrobamientos; porque el que lo es, creed que roba Dios toda el alma para sí, y que como a cosa suya propia y ya esposa suya, la va mostrando alguna partecita del reino que ha ganado por serlo; que por poca que sea, es todo mucho lo que hay en este gran Dios, y no quiere estorbo de nadie, ni de potencias, ni sentidos; sino de presto manda cerrar las puertas de estas moradas todas, y solo en la que él está queda abierta para entrambos. Bendita sea tanta misericordia, y con razón serán malditos los que no quisieren aprovecharse de ella y perdieren a este Señor.

¡Oh hermanas mías, que no es nada lo que dejamos, ni es nada cuanto hacemos ni cuanto pudiéremos hacer por un Dios que así se quiere comunicar a un gusano! Y si tenemos esperanza de aun en esta vida gozar de este bien, ¿qué hacemos?, ¿en qué nos detenemos?, ¿qué es bastante para que un momento dejemos de buscar a este Señor como lo hacía la Esposa por barrios y plazas? ¡Oh, que es burlería todo lo del mundo si no nos llega y ayuda a esto, aunque duraran para siempre sus deleites y riquezas y gozos cuantos se pudieren imaginar, que es todo asco y basura comparado a estos tesoros que se han de gozar sin fin! Ni aun estos no son nada en comparación de tener por nuestro al Señor de todos los tesoros y del cielo y de la tierra.

¡Oh ceguedad humana! ¿Hasta cuándo, hasta cuándo se quitará esta tierra de nuestros ojos? Que aunque entre nosotras no parece es tanta que nos ciegue del todo, veo unas motillas, unas chinillas, que si las dejamos crecer bastarán a hacernos gran daño; sino que, por amor de Dios, hermanas, nos aprovechemos de estas faltas, para conocer nuestra miseria y ellas nos den mayor vista, como la dio el lodo del ciego que sanó nuestro Esposo ; y así, viéndonos tan imperfectas, crezca más el suplicarle saque bien de nuestras miserias, para en todo contentar a Su Majestad.

Mucho me he divertido sin entenderlo. Perdonadme, hermanas, y creed que, llegada a estas grandezas de Dios, digo a hablar en ellas, no puede dejar de lastimarme mucho ver lo que perdemos por nuestra culpa. Porque, aunque es verdad que son cosas que las da el Señor a quien quiere, si quisiésemos a Su Majestad como él nos quiere, a todas las daría. No está deseando otra cosa, sino tener a quien dar, que no por eso se disminuyen sus riquezas.

Pues, tornando a lo que decía, manda el Esposo cerrar las puertas de las moradas y aun las del castillo y cerca ; que en queriendo arrebatar esta alma, se le quita el huelgo, de manera que aunque duren un poquito más algunas veces los otros sentidos, en ninguna manera puede hablar; aunque otras veces todo se quita de presto y se enfrían las manos y el cuerpo de manera que no parece tiene alma, ni se entiende algunas veces si echa el huelgo. Esto dura poco espacio, digo para estar en un ser; porque quitándose esta gran suspensión un poco, parece que el cuerpo torna algo en sí y alienta para tornarse a morir y dar mayor vida al alma, y con todo no dura mucho este tan gran éxtasis; mas acaece, aunque se quita, quedarse la voluntad tan embebida y el entendimiento tan enajenado, y durar así día, y aun días, que parece no es capaz para entender en cosa que no sea para despertar la voluntad a amar, y ella se está harto despierta para esto y dormida para arrostrar a asirse a ninguna criatura.

¡Oh, cuando el alma torna ya del todo en sí, qué es la confusión que le queda y los deseos tan grandísimos de emplearse en Dios de todas cuantas maneras se quisiere servir de ella! Si de las oraciones pasadas quedan tales efectos como quedan dichos, ¿qué será de una merced tan grande como esta? Querría tener mil vidas para emplearlas todas en Dios, y que todas cuantas cosas hay en la tierra fuesen lenguas para alabarle por ella. Los deseos de hacer penitencia, grandísimos; y no hace mucho en hacerla, porque con la fuerza del amor siente poco cuanto hace y ve claro que no hacían mucho los mártires en los tormentos que padecían, porque con esta ayuda de parte de nuestro Señor, es fácil, y así se quejan estas almas a Su Majestad cuando no se les ofrece en qué padecer.

Cuando esta merced les hace en secreto, tiénenla por muy grande; porque cuando es delante de algunas personas, es tan grande el corrimiento y afrenta que les queda, que en alguna manera desembebe el alma de lo que gozó con la pena y cuidado que le da pensar qué pensarán los que lo han visto. Porque conocen la malicia del mundo, y entienden que no lo echarán por ventura a lo que es, sino que, por lo que habían de alabar al Señor, por ventura les será ocasión para echar juicios. En alguna manera me parece esta pena y corrimiento falta de humildad; mas ello no es más en su mano; porque si esta persona desea ser vituperada, ¿qué se le da? Como entendió una que estaba en esta aflicción de parte de nuestro Señor: *No tengas pena, que o ellos han de alabarme a mí, o murmurar de ti; y en cualquiera cosa de estas ganas tú.* Supe después que esta persona se había mucho animado con estas palabras y consolado; y porque si alguna se viere en esta aflicción, os las pongo aquí. Parece que quiere nuestro Señor que todos entiendan que aquel alma es ya suya, que no ha de tocar nadie en ella; en el cuerpo, en la honra, en la hacienda, enhorabuena, que de todo se sacará honra para Su Majestad; mas en el alma, eso no, que si ella, con muy culpable atrevimiento, no se aparta de su Esposo, él la amparará de todo el mundo y aun de todo el infierno.

No sé si queda dado algo a entender de qué cosa es arrobamiento, que todo es imposible, como he dicho; y creo no se ha perdido nada en decirlo para que se entienda lo que lo es; porque hay efectos muy diferentes en los fingidos arrobamientos. No digo fingidos porque quien los tiene quiere engañar, sino porque ella lo está; y como las señales y efectos no conforman con tan gran merced, queda infamada de manera que con razón no se cree después a quien el Señor la hiciere. Sea por siempre bendito y alabado, amén, amén.

CAPÍTULO CINCO

Otra manera de arrobamientos hay, o vuelo del espíritu le llamo yo, que aunque todo es uno en la sustancia, en el interior se siente muy diferente; porque muy de presto algunas veces se siente un movimiento tan acelerado del alma, que parece es arrebatado el espíritu con una velocidad que pone harto temor, en especial a los principios; que por eso os decía que es menester ánimo grande para a quien Dios ha de hacer estas mercedes, y aun fe y confianza y resignación grande de que haga nuestro Señor del alma lo que quisiere.

¿Pensáis que es poca turbación estar una persona muy en su sentido y verse arrebatar el alma, y aun algunos hemos leído que el cuerpo con ella, sin saber adónde va, qué o quién la lleva o cómo?; que al principio de este momentáneo movimiento no hay tanta certidumbre de que es Dios.

Pues ¿hay algún remedio de poder resistir? En ninguna manera; antes es peor; que yo sé de alguna persona que parece quiere Dios dar a entender al alma que, pues tantas veces con tan grandes veras se ha puesto en sus manos, y con tan entera voluntad se le ha ofrecido toda, que entienda que ya no tiene parte en sí, y notablemente con más impetuoso movimiento es arrebatada; y tomaba ya por sí no hacer más que hace una paja cuando la levanta el ámbar, si lo habéis mirado, y dejarse en las manos de quien tan poderoso es, que ve es lo más acertado hacer de la necesidad virtud.

Y porque dije de la paja, este nuestro gran gigante y poderoso arrebata el espíritu.

No parece sino que aquel pilar de agua que dijimos creo era en la cuarta morada, que no me acuerdo bien, que con tanta suavidad y mansedumbre, digo sin ningún movimiento, se henchía, aquí desató este gran Dios, que detiene los manantiales de las aguas y no deja salir la mar de sus términos, los manantiales por donde venía a este pilar del agua; y con un ímpetu grande se levanta una ola tan poderosa, que sube a lo alto esta navecica de nuestra alma.

Y así como no puede una nave, ni es poderoso el piloto, ni todos los que la gobiernan, para que las olas, si vienen con furia, la dejen estar adonde quieren, muy menos puede lo interior del alma detenerse en donde quiere, ni hacer que sus sentidos ni potencias hagan más de lo que les tienen mandado, que lo exterior no se hace aquí caso de ello.

Es cierto, hermanas, que de sólo irlo escribiendo me voy espantando de cómo se muestra aquí el gran poder de este gran Rey y Emperador; ¡qué hará quien pasa por ello! Tengo para mí, que si los que andan muy perdidos por el mundo se les descubriese Su Majestad, como hace a estas almas, que aunque no fuese por amor, por miedo no le osarían ofender.

Pues ¡oh, cuán obligadas estarán las que han sido avisadas

por camino tan subido a procurar con todas sus fuerzas no enojar este Señor! Por El os suplico, hermanas, a las que hubiere hecho Su Majestad estas mercedes u otras semejantes, que no os descuidéis con no hacer más que recibir. Mirad que quien mucho debe, mucho ha de pagar.

Para esto también es menester gran ánimo, que es una cosa que acobarda en gran manera; y si nuestro Señor no se le diese, andaría siempre con gran aflicción; porque mirando lo que Su Majestad hace con ella y tornándose a mirar a sí, cuán poco sirve para lo que está obligada, y eso poquillo que hace lleno de faltas y quiebras y flojedad, que por no se acordar de cuán imperfectamente hace alguna obra, si la hace, tiene por mejor procurar que se le olvide y traer delante sus pecados y meterse en la misericordia de Dios, que, pues no tiene con qué pagar, supla la piedad y misericordia que siempre tuvo con los pecadores.

Quizás le responderá lo que a una persona que estaba muy afligida delante de un crucifijo en este punto, considerando que nunca había tenido qué dar a Dios ni qué dejar por El: díjole el mismo Crucificado, consolándola, que El le daba todos los dolores y trabajos que había pasado en su Pasión, que los tuviese por propios, para ofrecer a su Padre.

Quedó aquel alma tan consolada y tan rica, según de ella he entendido, que no se le puede olvidar; antes cada vez que se ve tan miserable, acordándosele, queda animada y consolada.

Algunas cosas de éstas podría decir aquí, que como he tratado tantas personas santas y de oración, sé muchas; porque no penséis que soy yo, me voy a la mano.

Esta paréceme de gran provecho para que entendáis lo que se contenta nuestro Señor de que nos conozcamos y procuremos siempre mirar y remirar nuestra pobreza y miseria, y que no tenemos nada que no lo recibimos.

Así que, hermanas mías, para esto y otras muchas cosas que se ofrece a un alma que ya el Señor la tiene en este punto, es menester ánimo; y a mi parecer, para esto postrero más que para nada, si hay humildad. Dénosla el Señor, por quien El es.

Pues tornando a este apresurado arrebatar el espíritu, es de tal manera que verdaderamente parece sale del cuerpo, y por otra parte claro está que no queda esta persona muerta; al menos ella no puede decir si está en el cuerpo o si no, por algunos instantes.

Parécele que toda junta ha estado en otra región muy diferente de en ésta que vivimos, adonde se le muestra otra luz tan diferente de la de acá, que si toda su vida ella la estuviera fabricando junto con otras cosas, fuera imposible alcanzarlas.

Y acaece que en un instante le enseñan tantas cosas juntas que en muchos años que trabajara en ordenarlas con su imaginación y pensamiento no pudiera de mil partes la una.

Esto no es visión intelectual, sino imaginaria, que se ve con los ojos del alma muy mejor que acá vemos con los del cuerpo, y sin palabras se le da a entender algunas cosas; digo como si ve algunos santos, los conoce como si los hubiera mucho tratado.

Otras veces, junto con las cosas que ve con los ojos del alma, por visión intelectual se le representan otras, en especial multitud de ángeles con el Señor de ellos; y sin ver nada con los ojos del cuerpo, por un conocimiento admirable que yo no sabré decir, se le representa lo que digo y otras muchas cosas que no son para decir.

Quien pasare por ellas, que tenga más habilidad que yo, las sabrá quizá dar a entender, aunque me parece bien dificultoso.

Si esto todo pasa estando en el cuerpo, o no, yo no lo sabré decir; al menos ni juraría que está en el cuerpo ni tampoco que está el cuerpo sin alma.

Muchas veces he pensado, si como el sol estándose en el cielo, que sus rayos tienen tanta fuerza que no mudándose él de allí, de presto llegan acá, si el alma y el espíritu, que son una misma cosa como lo es el sol y sus rayos, puede, quedándose ella en su puesto, con la fuerza del calor que le viene del verdadero Sol de Justicia, alguna parte superior salir sobre sí misma.

En fin, yo no sé lo que digo.

Lo que es verdad, es que con la presteza que sale la pelota de un arcabuz cuando la ponen el fuego, se levanta en el interior un vuelo, que yo no sé otro nombre que le poner, que aunque no hace ruido, hace movimiento tan claro que no puede ser antojo en ninguna manera; y muy fuera de sí misma, a todo lo que puede entender, se le muestran grandes cosas; y cuando torna a sentirse en sí, es con tan grandes ganancias y teniendo en tan poco todas las cosas de la tierra para en comparación de las que ha visto, que le parecen basura; y desde ahí adelante vive en ella con harta pena, y no ve cosa de las que le solían parecer bien, que le haga dársele nada de ella.

Parece que le ha querido el Señor mostrar algo de la tierra adonde ha de ir, como llevaron señas los que enviaron a la tierra de promisión los del pueblo de Israel, para que pase los trabajos de este camino tan trabajoso, sabiendo adónde ha de ir a descansar.

Aunque cosa que pasa tan de presto no os parecerá de mucho provecho, son tan grandes los que deja en el alma que si no es por quien pasa, no se sabrá entender su valor.

Por donde se ve bien no ser cosa del demonio; que de la propia imaginación es imposible, ni el demonio podría representar cosas que tanta operación y paz y sosiego y aprovechamiento deja en el alma, en especial tres cosas muy en subido grado: conocimiento de la grandeza de Dios, porque mientras más cosas viéremos de ella, más se nos da a entender.

Segunda razón: propio conocimiento y humildad de ver cómo cosa tan baja en comparación del Creador de tantas grandezas, la ha osado ofender ni osa mirarle; la tercera, tener en muy poco todas las cosas de la tierra, si no fueren las que puede aplicar para servicio de tan gran Dios.

Estas son las joyas que comienza el Esposo a dar a su esposa, y son de tanto valor que no las pondrá a mal recaudo; que así quedan esculpidas en la memoria estas visitas, que creo es imposible olvidarlas hasta que las goce para siempre, si no fuese para grandísimo mal suyo; mas el Esposo que se las da, es poderoso para darle gracia que no las pierda.

Pues tornando al ánimo que es menester, ¿paréceos que es tan liviana cosa?; que verdaderamente parece que el alma se aparta del cuerpo, porque se ve perder los sentidos y no entiende para qué.

Menester es que le dé el que da todo lo demás.

Diréis que bien pagado va este temor. Así lo digo yo. Sea para siempre alabado el que tanto puede dar. Plega a Su Majestad, que nos dé para que merezcamos servirle, amén.

CAPÍTULO SEIS

De estas mercedes tan grandes queda el alma tan deseosa de gozar del todo al que se las hace, que vive con harto tormento, aunque sabroso; unas ansias grandísimas de morirse, y así, con lágrimas muy ordinarias pide a Dios la saque de este destierro.

Todo la cansa cuanto ve en él; en viéndose a solas tiene algún alivio, y luego acude esta pena, y en estando sin ella, no se hace. En fin, no acaba esta mariposica de hallar asiento que dure; antes, como anda el alma tan tierna del amor, cualquier ocasión que sea para encender más ese fuego la hace volar; y así en esta morada son muy continuos los arrobamientos, sin haber remedio de excusarlos, aunque sea en público, y luego las persecuciones y murmuraciones, que aunque ella quiera estar sin temores no la dejan, porque son muchas las personas que se los ponen, en especial los confesores.

Y aunque en lo interior del alma parece tiene gran seguridad por una parte, en especial cuando está a solas con Dios, por otra anda muy afligida; porque teme si la ha de engañar el demonio de manera que ofenda a quien tanto ama, que de las murmuraciones tiene poca pena, si no es cuando el mismo confesor la aprieta, como si ella pudiese más.

No hace sino pedir a todos oraciones y suplicar a Su Majestad la lleve por otro camino, porque le dicen que lo haga, porque éste es muy peligroso; mas como ella ha hallado por él tan gran aprovechamiento, que no puede dejar de ver que le lleva, como lee y oye y sabe por los mandamientos de Dios el que va al cielo, no lo acaba de desear, aunque quiere, sino dejarse en sus manos.

Y aun este no lo poder desear le da pena, por parecerle que no obedece al confesor; que en obedecer y no ofender a nuestro Señor le parece que está todo su remedio para no ser engañada; y así no haría un pecado venial de advertencia porque la hiciesen pedazos, a su parecer; y aflígese en gran manera de ver que no se puede excusar de hacer muchos sin entenderse.

Da Dios a estas almas un deseo tan grandísimo de no le descontentar en cosa ninguna, por poquito que sea, ni hacer una imperfección, si pudiese, que por solo esto, aunque no fuese por más, querría huir de las gentes y ha gran envidia a los que viven y han vivido en los desiertos.

Por otra parte, se querría meter en mitad del mundo, por ver si pudiese ser parte para que un alma alabase más a Dios; y si es mujer, se aflige del atamiento que le hace su natural porque no puede hacer esto, y ha gran envidia a los que tienen libertad para dar voces, publicando quién es este gran Dios de las Caballerías.

¡Oh pobre mariposilla, atada con tantas cadenas, que no te dejan volar lo que querrías! Habedla lástima, mi Dios; ordenad ya de manera que ella pueda cumplir en algo sus deseos para vuestra honra y gloria.

No os acordéis de lo poco que lo merece y de su bajo natural. Poderoso sois Vos, Señor, para que la gran mar se retire y el gran Jordán, y dejen pasar los hijos de Israel.

No la hayáis lástima, que, con vuestra fortaleza ayudada, puede pasar muchos trabajos; ella está determinada a ello y los desea padecer. Alargad, Señor, vuestro poderoso brazo, no se le pase la vida en cosas tan bajas. Parézcase vuestra grandeza en cosa tan femenil y baja, para que, entendiendo el mundo que no es nada de ella, os alaben a Vos, cuéstele lo que le costare, que eso quiere, y dar mil vidas porque un alma os alabe un poquito más a su causa, si tantas tuviera; y las da por muy bien empleadas y entiende con toda verdad que no merece padecer por Vos un muy pequeño trabajo, cuánto más morir.

No sé a qué propósito he dicho esto, hermanas, ni para qué, que no me he entendido. Entendamos que son estos los efectos que quedan de estas suspensiones o éxtasis, sin duda ninguna; porque no son deseos que se pasan sino que están en un ser, y cuando se ofrece algo en que mostrarlo se ve que no era fingido.

¿Por qué digo estar en un ser? Algunas veces se siente el alma cobarde, y en las cosas más bajas, y atemorizada y con tan poco ánimo que no le parece posible tenerle para cosa: entiendo yo que la deja el Señor entonces en su natural para mucho mayor bien suyo; porque ve entonces que, si para algo le ha tenido, ha sido de Su Majestad, con una claridad que la deja aniquilada a sí y con mayor conocimiento de la misericordia de Dios y de su grandeza, que en cosa tan baja la ha querido mostrar. Mas, lo más ordinario, está como antes hemos dicho.

Una cosa advertid, hermanas, en estos grandes deseos de ver

a nuestro Señor: que aprietan algunas veces tanto que es menester no ayudar a ellos, sino divertiros, si podéis digo; porque en otros que diré adelante, en ninguna manera se puede, como veréis.

En estos primeros, alguna vez sí podrán, porque hay razón entera para conformarse con la voluntad de Dios, y decir lo que decía San Martín; y podráse volver la consideración si mucho aprietan; porque como es, al parecer, deseo que ya parece de personas muy aprovechadas, ya podría el demonio moverle, porque pensásemos que lo estamos, que siempre es bien andar con temor.

Mas tengo para mí que no podrá poner la quietud y paz que esta pena da en el alma, sino que será moviendo con él alguna pasión, como se tiene cuando por cosas del siglo tenemos alguna pena.

Mas a quien no tuviere experiencia de lo uno y de lo otro, no lo entenderá, y pensando es una gran cosa, ayudará cuanto pudiere, y haríale mucho daño a la salud: porque es continua esta pena, o al menos muy ordinaria.

También advertid que suele causar la complexión flaca cosas de estas penas, en especial si es en unas personas tiernas que por cada cosita lloran; mil veces las hará entender que lloran por Dios, que no sea así. Y aun puede acaecer ser cuando viene una multitud de lágrimas, digo, por un tiempo que a cada palabrita que oiga o piense de Dios no se puede resistir de ellas haberse allegado algún humor al corazón, que ayuda más que el amor que se tiene a Dios, que no parece han de acabar de llorar; y como ya tienen entendido que las lágrimas son buenas, no se van a la mano ni querrían hacer otra cosa, y ayudan cuanto pueden a ellas.

Pretende el demonio aquí que se enflaquezcan de manera, que después ni puedan tener oración ni guardar su Regla.

Paréceme que os estoy mirando cómo decís que qué habéis de hacer, si en todo pongo peligro, pues en una cosa tan buena como las lágrimas, me parece puede haber engaño; que yo soy la engañada; y ya puede ser, mas creed que no hablo sin haber visto que le puede haber en algunas personas, aunque no en mí; porque no soy nada tierna, antes tengo un corazón tan recio, que algunas veces me da pena; aunque cuando el fuego de adentro es grande, por recio que sea el corazón, destila como hace una alquitara; y bien entenderéis cuándo vienen las lágrimas de aquí, que son más confortadoras y pacifican, que no alborotadoras, y pocas veces hacen mal.

El bien es en este engaño cuando lo fuere que será daño del cuerpo digo, si hay humildad y no del alma; y cuando no le hay, no será malo tener esta sospecha.

No pensemos que está todo hecho en llorando mucho, sino que echemos mano del obrar mucho y de las virtudes, que son las que nos han de hacer al caso, y las lágrimas vénganse cuando Dios las enviare, no haciendo nosotras diligencias para traerlas.

Estas dejarán esta tierra seca regada, y son gran ayuda para dar fruto; mientras menos caso hiciéremos de ellas, más, porque es agua que cae del cielo; la que sacamos cansándonos en cavar para sacarla, no tiene que ver con ésta, que muchas veces cavaremos y quedaremos molidas, y no hallaremos ni un charco de agua, cuánto más pozo manantial.

Por eso, hermanas, tengo por mejor que nos pongamos delante del Señor y miremos su misericordia y grandeza y nuestra bajeza, y dénos El lo que quisiere, siquiera haya agua, siquiera sequedad: El sabe mejor lo que nos conviene.

Y con esto andaremos descansadas y el demonio no tendrá tanto lugar de hacernos trampantojos.

Entre estas cosas penosas y sabrosas juntamente da nuestro Señor al alma algunas veces unos júbilos y oración extraña, que no sabe entender qué es.

Porque si os hiciere esta merced, le alabéis mucho y sepáis que es cosa que pasa, la pongo aquí. Es, a mi parecer, una unión grande de las potencias, sino que las deja nuestro Señor con libertad para que gocen de este gozo, y a los sentidos lo mismo, sin entender qué es lo que gozan y cómo lo gozan.

Parece esto algarabía, y cierto pasa así, que es un gozo tan excesivo del alma, que no querría gozarle a solas, sino decirlo a todos para que la ayudasen a alabar a nuestro Señor, que aquí va todo su movimiento. ¡Oh, qué de fiestas haría y qué de muestras, si pudiese, para que todos entendiesen su gozo! Parece que se ha hallado a sí, y que, como el padre del hijo pródigo, querría convidar a todos y hacer grandes fiestas, por ver su alma en puesto que no puede dudar que está en seguridad, al menos por entonces.

Y tengo para mí que es con razón; porque tanto gozo interior de lo muy íntimo del alma, y con tanta paz, y que todo su contento provoca a alabanzas de Dios, no es posible darle el demonio.

Es harto, estando con este gran ímpetu de alegría, que calle y pueda disimular, y no poco penoso. Esto debía sentir San Francisco, cuando le toparon los ladrones, que andaba por el campo dando voces y les dijo que era pregonero del gran Rey, y otros santos que se van a los desiertos por poder pregonar lo que San Francisco estas alabanzas de su Dios.

Yo conocí uno llamado fray Pedro de Alcántara que creo lo

es, según fue su vida, que hacía esto mismo, y le tenían por loco los que alguna vez le oyeron.

¡Oh, qué buena locura, hermanas, si nos la diese Dios a todas! Y ¡qué mercedes os ha hecho de teneros en parte que, aunque el Señor os haga ésta y deis muestras de ello, antes será para ayudaros que no para murmuración, como fuerais si estuvierais en el mundo, que se usa tan poco este pregón, que no es mucho que le murmuren!

¡Oh desventurados tiempos y miserable vida en la que ahora vivimos, y dichosas a las que les ha cabido tan buena suerte, que estén fuera de él!

Algunas veces me es particular gozo, cuando estando juntas, las veo a estas hermanas tenerle tan grande interior, que la que más puede, más alabanzas da a nuestro Señor de verse en el monasterio; porque se les ve muy claramente que salen aquellas alabanzas de lo interior del alma.

Muchas veces, querría, hermanas, hicieseis esto, que una que comienza despierta a las demás. ¿En qué mejor se puede emplear vuestra lengua cuando estéis juntas que en alabanzas de Dios, pues tenemos tanto por qué se las dar?

Plega a Su Majestad que muchas veces nos dé esta oración, pues es tan segura y gananciosa; que adquirirla no podremos, porque es cosa muy sobrenatural; y acaece durar un día, y anda el alma como uno que ha bebido mucho, mas no tanto que esté enajenado de los sentidos; o un melancólico, que del todo no ha perdido el seso, mas no sale de una cosa que se le puso en la imaginación ni hay quien le saque de ella.

Harto groseras comparaciones son éstas para tan preciosa causa, mas no alcanza otras mi ingenio; porque ello es así que este gozo la tiene tan olvidada de sí y de todas las cosas, que no advierte ni acierta a hablar, sino en lo que procede de su gozo, que son alabanzas de Dios.

Ayudemos a esta alma, hijas mías, todas. ¿Para qué queremos tener más seso?; ¿qué nos puede dar mayor contento? ¡Y ayúdennos todas las criaturas, por todos los siglos de los siglos, amén, amén, amén!

CAPÍTULO SIETE

Pareceros ha hermanas, que a estas almas que el Señor se comunica tan particularmente (en especial podrán pensar esto que diré las que no hubieren llegado a estas mercedes, porque si lo han gozado, y es de Dios, verán lo que yo diré), que estarán ya tan seguras de que han de gozarle para siempre, que no tendrán que temer ni que llorar sus pecados; y será muy gran engaño, porque el dolor de los pecados crece más, mientras más se recibe de nuestro Dios. Y tengo yo para mí que hasta que estemos adonde ninguna cosa puede dar pena, que ésta no se quitará.

Verdad es que unas veces aprieta más que otras, y también es de diferente manera; porque no se acuerda de la pena que ha de tener por ellos, sino de cómo fue tan ingrata a quien tanto debe y a quien tanto merece ser servido; porque en estas grandezas que le comunica, entiende mucho más la de Dios.

Espántase cómo fue tan atrevida; llora su poco respeto; parécele una cosa tan desatinada su desatino, que no acaba de lastimar jamás, cuando se acuerda por las cosas tan bajas que dejaba una tan gran Majestad.

Mucho más se acuerda de esto que de las mercedes que recibe, siendo tan grandes como las dichas y las que están por decir; parece que las lleva un río caudaloso y las trae a sus tiempos; esto de los pecados está como un cieno, que siempre parece se avivan en la memoria y es harto gran cruz.

Yo sé de una persona que, dejado de querer morirse por ver a Dios, lo deseaba por no sentir tan ordinariamente pena de cuán desagradecida había sido a quien tanto debió siempre y había de deber; y así no le parecía podían llegar maldades de ninguno a las suyas, porque entendía que no le habría a quien tanto hubiese sufrido Dios y tantas mercedes hubiese hecho.

En lo que toca a miedo del infierno, ninguno tienen. De si han de perder a Dios, a veces aprieta mucho; mas es pocas veces.

Todo su temor es no las deje Dios de su mano para ofenderle y se vean en estado tan miserable como se vieron en algún tiempo; que de pena ni gloria suya propia, no tienen cuidado, y si desean no estar mucho en purgatorio, es más por no estar ausentes de Dios, lo que allí estuvieren, que por las penas que han de pasar.

Yo no tendría por seguro, por favorecida que un alma esté de Dios, que se olvidase de que en algún tiempo se vio en miserable estado; porque, aunque es cosa penosa, aprovecha para muchas. Quizá como yo he sido tan ruin, me parece esto, y ésta es la causa de traerlo siempre en la memoria.

Las que han sido buenas, no tendrán que sentir, aunque siempre hay quiebras mientras vivimos en este cuerpo mortal. Para esta pena ningún alivio es pensar que tiene nuestro Señor ya perdonados los pecados y olvidados; antes añade a la pena ver tanta bondad y que se hacen mercedes a quien no merecía sino infierno.

Yo pienso que fue éste un gran martirio en San Pedro y la Magdalena; porque, como tenían el amor tan crecido y habían recibido tantas mercedes y tenían entendida la grandeza y majestad de Dios, sería harto recio de sufrir, y con muy tierno sentimiento.

También os parecerá que quien goza de cosas tan altas no tendrá meditación en los misterios de la sacratísima Humanidad de nuestro Señor Jesucristo, porque se ejercitará ya toda en amor.

Esto es una cosa que escribí largo en otra parte, y aunque me han contradecido en ella y dicho que no lo entiendo, porque son caminos por donde lleva nuestro Señor, y que cuando ya han pasado de los principios es mejor tratar en cosas de la divinidad y huir de las corpóreas, a mí no me harán confesar que es buen camino. Yo puede ser que me engañe y que digamos todos una cosa; mas vi yo que me quería engañar el demonio por ahí, y así estoy tan escarmentada que pienso, aunque lo haya dicho más veces, decíroslo otra vez aquí, porque vayáis en esto con mucha advertencia; y mirad que oso decir que no creáis a quien os dijere otra cosa.

Y procuraré darme más a entender, que hice en otra parte; porque por ventura si alguno lo ha escrito, como él lo dijo, si más se alargara en declararlo, decía bien; y decirlo así por junto a las que no entendemos tanto, puede hacer mucho mal.

También les parecerá a algunas almas que no pueden pensar en la Pasión; pues menos podrán en la sacratísima Virgen, ni en la vida de los Santos, que tan gran provecho y aliento nos da su memoria.

Yo no puedo pensar en qué piensan; porque, apartados de

todo lo corpóreo, para espíritus angélicos es estar siempre abrasados en amor, que no para los que vivimos en cuerpo mortal, que es menester trate y piense y se acompañe de los que, teniéndole, hicieron tan grandes hazañas por Dios; cuánto más apartarse de industria de todo nuestro bien y remedio que es la sacratísima Humanidad de nuestro Señor Jesucristo.

Y no puedo creer que lo hacen, sino que no se entienden, y así harán daño a sí y a los otros. Al menos yo les aseguro que no entren a estas dos moradas postreras; porque si pierden la guía, que es el buen Jesús, no acertarán el camino; harto será si se están en las demás con seguridad.

Porque el mismo Señor dice que es camino; también dice el Señor que es luz, y que no puede ninguno ir al Padre sino por El; y «quien me ve a mí ve a mi Padre».

Dirán que se da otro sentido a estas palabras. Yo no sé esotros sentidos; con éste que siempre siente mi alma ser verdad, me ha ido muy bien.

Hay algunas almas y son hartas las que lo han tratado conmigo que como nuestro Señor las llega a dar contemplación perfecta, querríanse siempre estar allí, y no puede ser; mas quedan con esta merced del Señor de manera que después no pueden discurrir en los misterios de la Pasión y de la vida de Cristo como antes.

Y no sé qué es la causa, mas es esto muy ordinario, que queda el entendimiento más inhabilitado para la meditación.

Creo debe ser la causa, que como en la meditación es todo buscar a Dios, como una vez se halla y queda el alma acostumbrada por obra de la voluntad a tornarle a buscar, no quiere cansarse con el entendimiento.

Y también me parece que, como la voluntad esté ya encendida, no quiere esta potencia generosa aprovecharse de estotra si pudiese; y no hace mal, mas será imposible, en especial hasta que llegue a estas postreras moradas, y perderá tiempo, porque muchas veces ha menester ser ayudada del entendimiento para encender la voluntad.

Y notad, hermanas, este punto, que es importante, y así le quiero declarar más: está el alma deseando emplearse toda en amor y querría no entender en otra cosa, mas no podrá aunque quiera; porque, aunque la voluntad no esté muerta, está mortecino el fuego que la suele hacer quemar, y es menester quien le sople para echar calor de sí.

¿Sería bueno que se estuviese el alma con esta sequedad, esperando fuego del cielo que queme este sacrificio que está haciendo de sí a Dios, como hizo nuestro Padre Elías? No, por cierto, ni es bien esperar milagros. El Señor los hace cuando es servido, por esta alma, como queda dicho y se dirá adelante; mas quiere Su Majestad que nos tengamos por tan ruines que no merecemos los haga, sino que nos ayudemos en todo lo que pudiéremos.

Y tengo para mí que hasta que muramos, por subida oración que haya, es menester esto.

Verdad es que a quien mete ya el Señor en la séptima morada, es muy pocas veces, o casi nunca, las que ha menester hacer esta diligencia, por la razón que en ella diré, si se me acordare; mas es muy continuo no se apartar de andar con Cristo nuestro Señor por una manera admirable, adonde divino y humano junto es siempre su compañía.

Así que, cuando no hay encendido el fuego que queda dicho en la voluntad ni se siente la presencia de Dios, es menester que la busquemos; que esto quiere Su Majestad, como lo hacía la

Esposa en los Cantares, y que preguntemos a las criaturas quién las hizo como dice San Agustín, creo, en sus Meditaciones o Confesiones , y no nos estemos bobos perdiendo tiempo por esperar lo que una vez se nos dio, que a los principios podrá ser que no lo dé el Señor en un año, y aun en muchos; Su Majestad sabe el porqué; nosotras no hemos de querer saberlo, ni hay para qué.

Pues sabemos el camino como hemos de contentar a Dios por los mandamientos y consejos, en esto andemos muy diligentes, y en pensar su vida y muerte, y lo mucho que le debemos; lo demás venga cuando el Señor quisiere.

Aquí viene el responder que no pueden detenerse en estas cosas, y por lo que queda dicho, quizá tendrán razón en alguna manera. Ya sabéis que discurrir con el entendimiento es uno, y representar la memoria al entendimiento verdades es otro.

Decís, quizá, que no me entendéis, y verdaderamente podrá ser que no lo entienda yo para saberlo decir; mas diré lo como supiere.

Llamo yo meditación a discurrir mucho con el entendimiento de esta manera: comenzamos a pensar en la merced que nos hizo Dios en darnos a su único Hijo, y no paramos allí, sino vamos adelante a los misterios de toda su gloriosa vida; o comenzamos en la oración del Huerto y no para el entendimiento hasta que está puesto en la cruz; o tomamos un paso de la Pasión, digamos como el prendimiento, y andamos en este misterio, considerando por menudo las cosas que hay que pensar en él y que sentir, así de la traición de Judas, como de la huida de los apóstoles y todo lo demás; y es admirable y muy meritoria oración.

Esta es la que digo que tendrán razón quien ha llegado a llevarla Dios a cosas sobrenaturales y a perfecta contemplación;

porque como he dicho no sé la causa, mas lo más ordinario no podrá. Mas no la tendrá, digo razón, si dice que no se detiene en estos misterios y los trae presentes muchas veces, en especial cuando los celebra la Iglesia Católica; ni es posible que pierda memoria el alma que ha recibido tanto de Dios, de muestras de amor tan preciosas, porque son vivas centellas para encenderla más en el que tiene a nuestro Señor; sino que no se entiende, porque entiende el alma estos misterios por manera más perfecta: y es que se los representa el entendimiento, y estámpanse en la memoria de manera que de sólo ver al señor caído con aquel espantoso sudor en el Huerto, aquello le basta para no sólo una hora, sino muchos días, mirando con una sencilla vista quién es y cuán ingratos hemos sido a tan gran pena; luego acude la voluntad, aunque no sea con ternura, a desear servir en algo tan gran merced y a desear padecer algo por quien tanto padeció y a otras cosas semejantes, en que ocupa la memoria y el entendimiento.

Y creo que por esta razón no puede pasar a discurrir más en la Pasión, y esto le hace parecer que no puede pensar en ella.

Y si esto no hace, es bien que lo procure hacer, que yo sé que no lo impedirá la muy subida oración, y no tengo por bueno que no se ejercite en esto muchas veces. Si de aquí la suspendiere el Señor, muy enhorabuena, que aunque no quiera la hará dejar en lo que está.

Y tengo por muy cierto que no es estorbo esta manera de proceder, sino gran ayuda para todo bien, lo que sería si mucho trabajase en el discurrir que dije al principio, y tengo para mí que no podrá quien ha llegado a más.

Ya puede ser que sí, que por muchos caminos lleva Dios las almas; mas no se condenen las que no pudieren ir por él, ni las juzguen inhabilitadas para gozar de tan grandes bienes como están encerrados en los misterios de nuestro bien Jesucristo; ni nadie me hará entender, sea cuan espiritual quisiere, que irá bien por aquí.

Hay unos principios, y aun medios, que tienen algunas almas, que como comienzan a llegar a oración de quietud y a gustar de los regalos y gustos que da el Señor, paréceles que es muy gran cosa estarse allí siempre gustando.

Pues créanme y no se embeban tanto como ya he dicho en otra parte que es larga la vida, y hay en ella muchos trabajos, y hemos menester mirar a nuestro dechado Cristo, cómo los pasó, y aun a sus apóstoles y Santos, para llevarlos con perfección.

Es muy buena compañía el buen Jesús para no nos apartar de ella, y su Sacratísima Madre, y gustar mucho de que nos dolamos de sus penas, aunque dejemos nuestro contento y gusto algunas veces. Cuánto más, hijas, que no es tan ordinario el regalo en la oración que no haya tiempo para todo; y la que dijere que es en un ser, tendríalo yo por sospechoso, digo que nunca puede hacer lo que queda dicho; y así lo tened y procurad salir de ese engaño y desembeberos con todas vuestras fuerzas; y si no bastaren, decirlo a la priora, para que os dé un oficio de tanto cuidado que se quite ese peligro; que al menos para el seso y cabeza es muy grande, si durase mucho tiempo.

Creo queda dado a entender lo que conviene, por espirituales que sean, no huir tanto de cosas corpóreas que les parezca aún hace daño la Humanidad sacratísima.

Alegan lo que el Señor dijo a sus discípulos, que convenía que El se fuese.

Yo no puedo sufrir esto.

A osadas que no lo dijo a su Madre Sacratísima, porque estaba firme en la fe, que sabía que era Dios y hombre, y aunque le amaba más que ellos, era con tanta perfección, que antes la ayudaba.

No debían estar entonces los apóstoles tan firmes en la fe como después estuvieron, y tenemos razón de estar nosotros ahora. Yo os digo, hijas, que le tengo por peligroso camino y que podría el demonio venir a hacer perder la devoción con el Santísimo Sacramento.

El engaño que me pareció a mí que llevaba no llegó a tanto como esto, sino a no gustar de pensar en nuestro Señor Jesucristo tanto, sino andarme en aquel embebecimiento, aguardando aquel regalo.

Y vi claramente que iba mal; porque como no podía ser tenerle siempre, andaba el pensamiento de aquí para allí, y el alma, me parece, como un ave revolando que no halla adonde parar, y perdiendo harto tiempo, y no aprovechando en las virtudes ni medrando en la oración.

Y no entendía la causa, ni la entendiera, a mi parecer, porque me parecía que era aquello muy acertado, hasta que, tratando la oración que llevaba con una persona sierva de Dios, me avisó.

Después vi claro cuán errada iba, y nunca me acaba de pesar de que haya habido ningún tiempo que yo careciese de entender que se podía malganar con tan gran pérdida; y cuando pudiera, no quiero ningún bien, sino adquirido por quien nos vinieron todos los bienes. Sea para siempre alabado, amén.

CAPÍTULO OCHO

Para que más claro veáis, hermanas, que es así lo que os he dicho y que mientras más adelante va un alma más acompañada es de este buen Jesús, será bien que tratemos de cómo, cuando Su Majestad quiere, no podemos sino andar siempre con El, como se ve claro por las maneras y modos con que Su Majestad se nos comunica y nos muestra el amor que nos tiene, con algunos aparecimientos y visiones tan admirables; que por si alguna merced de éstas os hiciere, no andéis espantadas, quiero decir si el Señor fuere servido que acierte en suma, alguna cosa de éstas, para que le alabemos mucho, aunque no nos las haga a nosotras, de que se quiera así comunicar con una criatura, siendo de tanta majestad y poder.

Acaece, estando el alma descuidada de que se le ha de hacer esta merced ni haber jamás pensado merecerla, que siente cabe sí a Jesucristo nuestro Señor, aunque no le ve, ni con los ojos del cuerpo ni del alma.

Esta llaman visión intelectual, no sé yo por qué. Vi a esta

persona que le hizo Dios esta merced, con otras que diré adelante, fatigada en los principios harto, porque no podía entender qué cosa era, pues no la veía; y entendía tan cierto ser Jesucristo nuestro Señor el que se le mostraba de aquella suerte, que no lo podía dudar, digo que estaba allí aquella visión; que si era de Dios o no, aunque traía consigo grandes efectos para entender que lo era, todavía andaba con miedo, y ella jamás había oído visión intelectual, ni pensó que la había de tal suerte; mas entendía muy claro que era este Señor el que le hablaba muchas veces de la manera que queda dicho, porque hasta que le hizo esta merced que digo, nunca sabía quién la hablaba, aunque entendía las palabras.

Sé que estando temerosa de esta visión porque no es como las imaginarias, que pasan de presto, sino que dura muchos días, y aun más que un año alguna vez, se fue a su confesor harto fatigada.

El le dijo que, si no veía nada, que cómo sabía que era nuestro Señor; que le dijese qué rostro tenía. Ella le dijo que no sabía, ni veía rostro, ni podía decir más de lo dicho; que lo que sabía era que era El el que la hablaba y que no era antojo.

Y aunque le ponían hartos temores, todavía muchas veces no podía dudar, en especial cuando la decía: No hayas miedo, que yo soy.

Tenían tanta fuerza estas palabras, que no lo podía dudar por entonces, y quedaba muy esforzada y alegre con tan buena compañía; que veía claro serle gran ayuda para andar con una ordinaria memoria de Dios y un miramiento grande de no hacer cosa que le desagradase, porque le parecía la estaba siempre mirando.

Y cada vez que quería tratar con Su Majestad en oración, y

aun sin ella, le parecía estar tan cerca, que no la podía dejar de oír; aunque el entender las palabras no era cuando ella quería, sino a deshora, cuando era menester.

Sentía que andaba al lado derecho, mas no con estos sentidos que podemos sentir que está cabe nosotros una persona; porque es por otra vía más delicada, que no se debe de saber decir; mas es tan cierto y con tanta certidumbre y aun mucho más; porque acá ya se podría antojar, mas en esto no, que viene con grandes ganancias y efectos interiores, que ni los podría haber, si fuese melancolía, ni tampoco el demonio haría tanto bien, ni andaría el alma con tanta paz y con tan continuos deseos de contentar a Dios y con tanto desprecio de todo lo que no la llega a El.

Y después se entendió claro no ser demonio, porque se iba más y más dando a entender.

Con todo, sé yo que a ratos andaba harto temerosa; otros con grandísima confusión, que no sabía por dónde le había venido tanto bien.

Eramos tan una cosa ella y yo, que no pasaba cosa por su alma que yo estuviese ignorante de ella, y así puedo ser buen testigo y me podéis creer ser verdad todo lo que en esto dijere.

Es merced del Señor que trae grandísima confusión consigo y humildad. Cuando fuese del demonio, todo sería al contrario.

Y como es cosa que notablemente se entiende ser dada de Dios, que no bastaría industria humana para poderse así sentir, en ninguna manera puede pensar quien lo tiene que es bien suyo, sino dado de la mano de Dios.

Y aunque, a mi parecer, es mayor merced algunas de las que quedan dichas, ésta trae consigo un particular conocimiento de Dios, y de esta compañía tan continua nace un amor ternísimo con Su Majestad y unos deseos aun mayores que los que quedan dichos de entregarse toda a su servicio, y una limpieza de conciencia grande, porque hace advertir a todo la presencia que trae cabe sí; porque aunque ya sabemos que lo está Dios a todo lo que hacemos, es nuestro natural tal, que se descuida en pensarlo: lo que no se puede descuidar acá, que la despierta el Señor que está cabe ella.

Y aun para las mercedes que quedan dichas, como anda el alma casi continuo con un actual amor al que ve o entiende estar cabe sí, son muy más ordinarias.

En fin, en la ganancia del alma se ve ser grandísima merced y muy mucho de preciar, y agradecer al Señor que se la da tan sin poderlo merecer, y por ningún tesoro ni deleite de la tierra la trocaría.

Y así, cuando el Señor es servido que se la quite, queda con mucha soledad; mas todas las diligencias posibles que pusiese para tornar a tener aquella compañía, aprovechan poco; que lo da el Señor cuando quiere, y no se puede adquirir. Algunas veces también es de algún santo, y es también de gran provecho.

Diréis que si no se ve, que cómo se entiende que es Cristo, o cuándo es santo, o su Madre gloriosísima. Eso no sabrá el alma decir, ni puede entender cómo lo entiende, sino que lo sabe con una grandísima certidumbre.

Aun ya el Señor, cuando habla, más fácil parece; mas el santo, que no habla, sino que parece le pone el Señor allí por ayuda de aquel alma y por compañía, es más de maravillar.

Así son otras cosas espirituales, que no se saben decir, mas entiéndese por ellas cuán bajo es nuestro natural para entender las grandes grandezas de Dios, pues aun éstas no somos capaces, sino que, con admiración y alabanzas a Su Majestad pase quien se las diere; y así le haga particulares gracias por ellas, que pues no es merced que se hace a todos, hase mucho de estimar y procurar hacer mayores servicios, pues por tantas maneras la ayuda Dios a ello.

De aquí viene no se tener por eso en más, y parecerle que es la que menos sirve a Dios de cuantos hay en la tierra, porque le parece está más obligada a ello que ninguno, y cualquier falta que hace le atraviesa las entrañas y con muy grande razón.

Estos efectos con que anda el alma, que quedan dichos, podrá advertir cualquiera de vosotras a quien el Señor llevare por este camino, para entender que no es engaño ni tampoco antojo porque como he dicho no tengo que es posible durar tanto siendo demonio, haciendo tan notable provecho al alma y trayéndola con tanta paz interior, que no es de su costumbre, ni puede, aunque quiere, cosa tan mala hacer tanto bien; que luego habría unos humos de propia estimación y pensar era mejor que los otros.

Mas este andar siempre el alma tan asida de Dios y ocupado su pensamiento en El, haríale tanta rabia, que aunque lo intentase, no tornase muchas veces; y es Dios tan fiel, que no permitirá darle tanta mano con alma que no pretende otra cosa sino agradar a Su Majestad y poner su vida por su honra y gloria, sino que luego ordenará cómo sea desengañada.

Mi tema es y será que como el alma ande de la manera que aquí se ha dicho la dejan estas mercedes de Dios, que Su Majestad la sacará con ganancia, si permite alguna vez se le atreva el demonio y que él quedará corrido.

Por eso, hijas, si alguna fuere por este camino como he dicho no andéis asombradas. Bien es que haya temor y andemos con más aviso, ni tampoco confiadas que, por ser tan favorecidas, os podéis más descuidar, que esto será señal no ser de Dios, si no os viereis con los efectos que queda dicho.

Es bien que a los principios lo comuniquéis debajo de confesión con un muy buen letrado, que son los que nos han de dar la luz, o, si hubiere, alguna persona muy espiritual; y si no lo es, mejor es muy letrado; si le hubiere, con el uno y con el otro.

Y si os dijeren que es antojo, no se os dé nada, que el antojo poco mal ni bien puede hacer a vuestra alma; encomendaos a la divina Majestad, que no consienta seáis engañada.

Si os dijeren es demonio, será más trabajo; aunque no dirá, si es buen letrado, y hay los efectos dichos, mas cuando lo diga, yo sé que el mismo Señor, que anda con vos, os consolará y asegurará, y a él le irá dando luz para que os la dé.

Si es persona que aunque tiene oración no la ha llevado el Señor por ese camino, luego se espantará y lo condenará. Por eso os aconsejo que sea muy letrado y, si se hallare, también espiritual, y la priora dé licencia para ello, porque, aunque vaya segura el alma por ver su buena vida, estará obligada la priora a que se comunique, para que anden con seguridad entrambas.

Y, tratado con estas personas, quiétese y no ande más dando parte de ello; que algunas veces, sin haber de qué temer, pone el demonio unos temores tan demasiados, que fuerzan al alma a no se contentar de una vez.

En especial si el confesor es de poca experiencia y le ve medroso, y él mismo la hace andar comunicando, viénese a publicar lo que había de razón estar muy secreto, y a ser esta alma perseguida y atormentada; porque cuando piensa que está secreto, lo ve público, y de aquí suceden muchas cosas trabajosas para ella, y podrían suceder para la Orden, según andan estos tiempos.

Así que es menester grande aviso en esto, y a las prioras lo encomiendo mucho; y que no piense que por tener una hermana cosas semejantes, es mejor que las otras; lleva el Señor a cada una como ve que es menester.

Aparejo es para venir a ser muy sierva de Dios, se se ayuda; mas, a las veces, lleva Dios por este camino a las más flacas.

Y así no hay en esto por qué aprobar ni condenar, sino mirar a las virtudes, y a quien con más mortificación y humildad y limpieza de conciencia sirviere a nuestro Señor, que ésa será la más santa, aunque la certidumbre poco se puede saber acá, hasta que el verdadero Juez dé a cada uno lo que merece.

Allá nos espantaremos de ver cuán diferente es su juicio de lo que acá podemos entender. Sea para siempre alabado, amén.

CAPÍTULO NUEVE

Ahora vengamos a las visiones imaginarias, que dicen que son adonde puede meterse el demonio más que en las dichas, y así debe de ser; mas cuando son de nuestro Señor, en alguna manera me parecen más provechosas, porque son más conformes a nuestro natural; salvo de las que el Señor da a entender en la postrera morada, que a éstas no llegan ningunas.

Pues miremos ahora como os he dicho en el capítulo pasado que está este Señor, que es como si en una pieza de oro tuviésemos una piedra preciosa de grandísimo valor y virtudes; sabemos certísimo que está allí, aunque nunca la hemos visto; mas las virtudes de la piedra no nos dejan de aprovechar, si la traemos con nosotras.

Aunque nunca la hemos visto, no por eso la dejamos de preciar, porque por experiencia hemos visto que nos ha sanado de algunas enfermedades, para que es apropiada; mas no la osamos mirar, ni abrir el relicario, ni podemos, porque la manera de abrirle sólo la sabe cuya es la joya, y aunque nos la prestó para que nos aprovechásemos de ella, él se quedó con la llave y, como cosa suya, abrirá cuando nos la quisiere mostrar, y aun la tomará cuando le parezca, como lo hace.

Pues digamos ahora que quiere alguna vez abrirla de presto, por hacer bien a quien la ha prestado: claro está que le será después muy mayor contento cuando se acuerde del admirable resplandor de la piedra, y así quedará más esculpida en su memoria.

Pues así acaece acá: cuando nuestro Señor es servido de regalar más a esta alma, muéstrale claramente su sacratísima Humanidad de la manera que quiere, o como andaba en el mundo, o después de resucitado; y aunque es con tanta presteza que lo podríamos comparar a la de un relámpago, queda tan esculpido en la imaginación esta imagen gloriosísima, que tengo por imposible quitarse de ella hasta que la vea adonde para sin fin la pueda gozar.

Aunque digo imagen, entiéndese que no es pintada al parecer de quien la ve, sino verdaderamente viva, y algunas veces se está hablando con el alma y aun mostrándole grandes secretos.

Mas habéis de entender que aunque en esto se detenga algún espacio, no se puede estar mirando más que estar mirando al sol, y así esta vista siempre pasa muy de presto; y no porque su resplandor da pena, como el del sol, a la vista interior, que es la que ve todo esto que cuando es con la vista exterior no sabré decir de ello ninguna cosa, porque esta persona que he dicho, de quien tan particularmente yo puedo hablar, no había pasado por ello; y de lo que no hay experiencia, mal se puede dar razón cierta, porque su resplandor es como una luz infusa y de un sol cubierto de una cosa tan delgada como un diamante, si se puede labrar; como una holanda parece la vestidura, y casi todas las veces que Dios hace esta merced al alma, se queda en arrobamiento, que no puede su bajeza sufrir tan espantosa vista.

Digo espantosa, porque con ser la más hermosa y de mayor deleite que podría una persona imaginar, aunque viviese mil años y trabajase en pensarlo, porque va muy adelante de cuanto cabe en nuestra imaginación ni entendimiento, es su presencia de tan grandísima majestad, que hace gran espanto al alma.

A osadas que no es menester aquí preguntar cómo sabe quién es sin que se lo hayan dicho, que se da bien a conocer que es Señor del cielo y de la tierra; lo que no harán los reyes de ella, que por sí mismos bien en poco se tendrán, si no va junto con él su acompañamiento, o lo dicen.

¡Oh Señor, cómo os desconocemos los cristianos! ¿Qué será aquel día cuando nos vengáis a juzgar, pues viniendo aquí tan de amistad a tratar con vuestra esposa, pone miraros tanto temor? ¡Oh hijas! ¿y qué será cuando con tan rigurosa voz dijere: Id malditos de mi Padre?

Quédenos ahora esto en la memoria de esta merced que hace Dios al alma, que no nos será poco bien, pues San Jerónimo, con ser santo, no la apartaba de la suya, y así no se nos hará nada cuanto aquí padeciéremos en el rigor de la religión que guardamos, pues cuando mucho durare, es un momento, comparado con aquella eternidad. Yo os digo de verdad que, con cuan ruin soy, nunca he tenido miedo de los tormentos del infierno, que fuese nada en comparación de cuando me acordaba que habían los condenados de ver airados estos ojos tan hermosos y mansos y benignos del Señor, que no parece lo podía sufrir mi corazón: esto ha sido toda mi vida.

¡Cuánto más lo temerá la persona a quien así se le ha representado, pues es tanto el sentimiento, que la deja sin sentir! Esta debe ser la causa de quedar con suspensión; que ayuda el Señor a su flaqueza con que se junte con su grandeza en esta tan subida comunicación con Dios.

Cuando pudiere el alma estar con mucho espacio mirando este Señor, yo no creo que será visión, sino alguna vehemente consideración, fabricada en la imaginación alguna figura; será como cosa muerta en estotra comparación.

Acaece a algunas personas y sé que es verdad, que lo han tratado conmigo, y no tres o cuatro, sino muchas, ser de tan flaca imaginación, o el entendimiento tan eficaz, o no sé qué es, que se embeben de manera en la imaginación, que todo lo que piensan claramente les parece que lo ven; aunque si hubiesen visto la verdadera visión, entenderían, muy sin quedarles duda, el engaño; porque van ellas mismas componiendo lo que ven con su imaginación, y no hace después ningún efecto, sino que se quedan frías, mucho más que si viesen una imagen devota.

Es cosa muy entendida no ser para hacer caso de ello, y así se olvida mucho más que cosa soñada.

En lo que tratamos no es así, sino que estando el alma muy lejos de que ha de ver cosa, ni pasarle por pensamiento, de presto se le representa muy por junto y revuelve todas las potencias y sentidos con un gran temor y alboroto, para ponerlas luego en aquella dichosa paz.

Así como cuando fue derrocado San Pablo, vino aquella tempestad y alboroto en el cielo, así acá en este mundo interior se hace gran movimiento, y en un punto como he dicho queda todo sosegado, y esta alma tan enseñada de unas tan grandes verdades, que no ha menester otro maestro; que la verdadera sabiduría sin trabajo suyo la ha quitado la torpeza, y dura con una certidumbre el alma de que esta merced es de Dios, algún espacio de tiempo, que aunque más le dijesen lo contrario, entonces no la podrían poner temor de que puede haber engaño.

Después, poniéndosele el confesor, la deja Dios para que ande vacilando en que por sus pecados sería posible; mas no creyendo, sino como he dicho en estotras cosas a manera de tentaciones en cosas de la fe, que puede el demonio alborotar, mas no dejar el alma de estar firme en ella; antes mientras más la combate, más queda con certidumbre de que el demonio no la podría dejar con tantos bienes, como ello es así, que no puede tanto en lo interior del alma; podrá él representarlo, mas no con esta verdad y majestad y operaciones.

Como los confesores no pueden ver esto ni, por ventura, a quien Dios hace esta merced, sabérselo decir, temen y con mucha razón.

Y así es menester ir con aviso, hasta aguardar tiempo del fruto que hacen estas apariciones, e ir poco a poco mirando la humildad con que dejan al alma y la fortaleza en la virtud; que si es de demonio, presto dará señal y le cogerán en mil mentiras.

Si el confesor tiene experiencia y ha pasado por estas cosas, poco tiempo ha menester para entenderlo, que luego en la relación verá si es Dios, o imaginación, o demonio, en especial si le ha dado Su Majestad don de conocer espíritus, que si éste tiene y letras, aunque no tenga experiencia, lo conocerá muy bien.

Lo que es mucho menester, hermanas, es que andéis con gran llaneza y verdad con el confesor, no digo en decir los pecados, que eso claro está, sino en contar la oración; porque si no hay esto, no aseguro que vais bien, ni que es Dios el que os enseña; que es muy amigo que al que está en su lugar se trate con la verdad y claridad que consigo mismo, deseando entienda todos sus pensamientos, cuánto más las obras, por pequeñas que sean.

Y con esto no andéis turbadas ni inquietas, que aunque no fuese de Dios, si tenéis humildad y buena conciencia no os dañará; que sabe Su Majestad sacar de los males bienes, y que por el camino que el demonio os quería hacer perder, ganaréis más.

Pensando que os hace tan grandes mercedes, os esforzaréis a contentarle mejor y andar siempre ocupada en la memoria su figura, que como decía un gran letrado, que el demonio es gran pintor, y si le mostrase muy al vivo una imagen del Señor, que no le pesaría, para con ella avivar la devoción y hacer al demonio guerra con sus mismas maldades; que aunque un pintor sea muy malo, no por eso se ha de dejar de reverenciar la imagen que hace, si es de todo nuestro Bien.

Parecíale muy mal lo que algunos aconsejan, que den higas cuando así viesen alguna visión; porque decía que adondequiera que veamos pintado a nuestro Rey, le hemos de reverenciar; y veo que tiene razón, porque aun acá se sentiría: si supiese una persona que quiere bien a otra que hacía semejantes vituperios a su retrato, no gustaría de ello.

Pues ¿cuánto más es razón que siempre se tenga respeto adonde viéremos un crucifijo o cualquier retrato de nuestro Emperador? Aunque he escrito en otra parte esto, me holgué de ponerlo aquí, porque vi que una persona anduvo afligida, que la mandaban tomar este remedio.

No sé quién le inventó tan para atormentar a quien no pudiere hacer menos de obedecer, si el confesor le da este consejo, pareciéndole va perdida si no lo hace, y el mío es que, aunque os le dé, le digáis esta razón con humildad y no le toméis. En extremo me cuadró mucho las buenas que me dio quien me lo dijo en este caso.

Una gran ganancia saca el alma de esta merced del Señor, que es, cuando piensa en El o en su vida y Pasión, acordarse de su mansísimo y hermoso rostro, que es grandísimo consuelo, como acá nos le daría mayor haber visto a una persona que nos hace mucho bien que si nunca la hubiésemos conocido. Yo os digo que hace harto consuelo y provecho tan sabrosa memoria.

Otros bienes trae consigo hartos, mas como queda dicho tanto de los efectos que hacen estas cosas y se ha de decir más, no me quiero cansar ni cansaros, sino avisaros mucho que cuando sabéis u oís que Dios hace estas mercedes a las almas, jamás le supliquéis ni deseéis que os lleve por este camino.

Aunque os parezca muy bueno, y se ha de tener en mucho y reverenciar, no conviene por algunas razones: la primera, porque es falta de humildad querer vos se os dé lo que nunca habéis merecido, y así creo que no tendrá mucha quien lo deseare; porque así como un bajo labrador está lejos de desear ser rey, pareciéndole imposible, porque no lo merece, así lo está el humilde de cosas semejantes; y creo yo que nunca se darán, porque primero da el Señor un gran conocimiento propio que hace estas mercedes. Pues ¿cómo entenderá con verdad que se la hace muy grande en no tenerla en el infierno, quien tiene tales pensamientos?

La segunda, porque está muy cierto ser engañado, o muy a peligro, porque no ha menester el demonio más de ver una puerta pequeña abierta para hacernos mil trampantojos.

La tercera, la misma imaginación, cuando hay un gran deseo, y la misma persona se hace entender que ve aquello que desea, y lo oye, como los que andan con gana de una cosa entre día y mucho pensando en ella, que acaece venirla a soñar.

La cuarta, es muy gran atrevimiento que quiera yo escoger

camino no sabiendo el que me conviene más, sino dejar al Señor, que me conoce, que me lleve por el que conviene, para que en todo haga su voluntad.

La quinta, ¿pensáis que son pocos los trabajos que padecen los que el Señor hace estas mercedes? No, sino grandísimos y de muchas maneras. ¿Qué sabéis vos si seríais para sufrirlos?

La sexta, si por lo mismo que pensáis ganar, perderéis, como hizo Saúl por ser rey.

En fin, hermanas, sin éstas hay otras; y creedme que es lo más seguro no querer sino lo que quiere Dios, que nos conoce más que nosotros mismos y nos ama. Pongámonos en sus manos, para que sea hecha su voluntad en nosotras, y no podemos errar, si con determinada voluntad nos estamos siempre en esto.

Y habéis de advertir, que por recibir muchas mercedes de éstas no se merece más gloria, porque antes quedan más obligadas a servir, pues es recibir más.

En lo que es más merecer, no nos lo quita el Señor, pues está en nuestra mano; y así hay muchas personas santas que jamás supieron qué cosa es recibir una de aquestas mercedes; y otras que las reciben, que no lo son.

Y no penséis que es continuo, antes por una vez que las hace el Señor son muy muchos los trabajos; y así el alma no se acuerda si las ha de recibir más, sino cómo las servir.

Verdad es que debe ser grandísima ayuda para tener las virtudes en más subida perfección; mas el que las tuviere con haberlas ganado a costa de su trabajo, mucho más merecerá.

Yo sé de una persona, a quien el Señor había hecho algunas de estas mercedes y aun de dos, la una era hombre, que estaban tan deseosas de servir a Su Majestad a su costa, sin estos grandes regalos, y tan ansiosas por padecer, que se quejaban a nuestro

Señor porque se los daba, y si pudieran no recibirlos, lo excusaran.

Digo regalos, no de estas visiones, que, en fin, ven la gran ganancia y son mucho de estimar, sino los que da el Señor en la contemplación.

Verdad es que también son estos deseos sobrenaturales, a mi parecer, y de almas muy enamoradas, que querrían viese el Señor que no le sirven por sueldo; y así como he dicho jamás se les acuerda que han de recibir gloria por cosa, para esforzarse más por eso a servir, sino de contentar al amor, que es su natural obrar siempre de mil maneras.

Si pudiese, querría buscar invenciones para consumirse el alma en él; y si fuese menester quedar para siempre aniquilada para la mayor honra de Dios lo haría de muy buena gana. Sea alabado para siempre, amén, que abajándose a comunicar con tan miserables criaturas, quiere mostrar su grandeza.

CAPÍTULO DIEZ

De muchas maneras se comunica el Señor al alma con estas apariciones; algunas, cuando está afligida; otras, cuando le ha de venir algún trabajo grande; otras, por regalarse Su Majestad con ella y regalarla.

No hay para qué particularizar más cada cosa, pues el intento no es sino dar a entender cada una de las diferencias que hay en este camino, hasta donde yo entendiere, para que entendáis, hermanas, de la manera que son y los efectos que dejan; porque no se nos antoje que cada imaginación es visión, y porque cuando lo sea, entendiendo que es posible, no andéis alborotadas ni afligidas, que gana mucho el demonio y gusta en gran manera de ver afligida e inquieta un alma, porque ve que le es estorbo para emplearse toda en amar y alabar a Dios.

Por otras maneras se comunica Su Majestad harto más subidas y menos peligrosas, porque el demonio creo no las podrá contrahacer, y así se pueden mal decir, por ser cosa muy oculta, que las imaginarias puédense más dar a entender.

Acaece, cuando el Señor es servido, estando el alma en oración y muy en sus sentidos, venirle de presto una suspensión, adonde le da el Señor a entender grandes secretos, que parece los ve en el mismo Dios; que éstas no son visiones de la sacratísima Humanidad, ni aunque digo que ve, no ve nada, porque no es visión imaginaria, sino muy intelectual, adonde se le descubre cómo en Dios se ven todas las cosas y las tiene todas en sí mismo.

Y es de gran provecho, porque, aunque pasa en un momento, quédase muy esculpido y hace grandísima confusión, y vese más claro la maldad de cuando ofendemos a Dios, porque en el mismo Dios digo, estando dentro en El hacemos grandes maldades.

Quiero poner una comparación, si acertare, para dároslo a entender, que aunque esto es así y lo oímos muchas veces, o no reparamos en ello, o no lo queremos entender; porque no parece sería posible, si se entendiese como es, ser tan atrevidos.

Hagamos ahora cuenta que es Dios como una morada o palacio muy grande y hermoso y que este palacio, como digo, es el mismo Dios. ¿Por ventura puede el pecador, para hacer sus maldades, apartarse de este palacio? No, por cierto; sino que dentro en el mismo palacio, que es el mismo Dios, pasan las abominaciones y deshonestidades y maldades que hacemos los pecadores.

¡Oh cosa temerosa y digna de gran consideración y muy provechosa para los que sabemos poco, que no acabamos de entender estas verdades, que no sería posible tener atrevimiento tan desatinado! Consideremos, hermanas, la gran misericordia y sufrimiento de Dios en no nos hundir allí luego, y démosle grandísimas gracias, y hayamos vergüenza de sentirnos de cosa que se haga ni se diga contra nosotras; que es la mayor maldad del mundo ver que sufre Dios nuestro Criador tantas a sus criaturas dentro en Sí mismo y que nosotras sintamos alguna vez una palabra que se dijo en nuestra ausencia y quizá con no mala intención.

¡Oh miseria humana! ¿Hasta cuándo, hijas, imitaremos en algo este gran Dios? ¡Oh!, pues no se nos haga ya que hacemos nada en sufrir injurias, sino que de muy buena gana pasemos por todo y amemos a quien nos las hace, pues este gran Dios no nos ha dejado de amar a nosotras aunque le hemos mucho ofendido, y así tiene muy gran razón en querer que todos perdonen por agravios que los hagan.

Yo os digo, hijas, que aunque pasa de presto esta visión, que es una gran merced que hace nuestro Señor a quien la hace, si se quiere aprovechar de ella, trayéndola presente muy ordinario.

También acaece, así muy de presto y de manera que no se puede decir, mostrar Dios en sí mismo una verdad, que parece deja oscurecidas todas las que hay en las criaturas, y muy claro dado a entender que El solo es verdad que no puede mentir; y dase bien a entender lo que dice David en un salmo, que todo hombre es mentiroso, lo que no se entendiera jamás así, aunque muchas veces se oyera.

Es verdad que no puede faltar. Acuérdaseme de Pilatos lo mucho que preguntaba a nuestro Señor cuando en su Pasión le dijo qué era verdad, y lo poco que entendemos acá de esta suma Verdad.

Yo quisiera poder dar más a entender en este caso, mas no se puede decir. Saquemos de aquí, hermanas, que para conformarnos con nuestro Dios y Esposo en algo, será bien que estudiemos siempre mucho de andar en esta verdad.

No digo sólo que no digamos mentira, que en eso, gloria a Dios, ya veo que traéis gran cuenta en estas casas con no decirla por ninguna cosa; sino que andemos en verdad delante de Dios y de las gentes de cuantas maneras pudiéremos, en especial no queriendo nos tengan por mejores de lo que somos, y en nuestras obras dando a Dios lo que es suyo y a nosotras lo que es nuestro, y procurando sacar en todo la verdad, y así tendremos en poco este mundo, que es todo mentira y falsedad, y como tal no es durable.

Una vez estaba yo considerando por qué razón era nuestro Señor tan amigo de esta virtud de la humildad, y púsoseme delante a mi parecer sin considerarlo, sino de presto esto: que es porque Dios es suma Verdad, y la humildad es andar en verdad, que lo es muy grande no tener cosa buena de nosotros, sino la miseria y ser nada; y quien esto no entiende, anda en mentira.

A quien más lo entienda agrada más a la suma Verdad, porque anda en ella. Plega a Dios, hermanas, nos haga merced de no salir jamás de este propio conocimiento, amén.

De estas mercedes hace nuestro Señor al alma, porque como a verdadera esposa, que ya está determinada a hacer en todo su voluntad, le quiere dar alguna noticia de en qué la ha de hacer y de sus grandezas.

No hay para qué tratar de más, que estas dos cosas he dicho por parecerme de gran provecho; que en cosas semejantes no hay que temer, sino que alabar al Señor porque las da; que el demonio, a mi parecer, ni aun la imaginación propia, tienen aquí poca cabida, y así el alma queda con gran satisfacción.

CAPÍTULO ONCE

¿Si habrán bastado todas estas mercedes que ha hecho el Esposo al alma para que la palomilla o mariposilla esté satisfecha (no penséis que la tengo olvidada) y haga asiento adonde ha de morir? No, por cierto; antes está muy peor.

Aunque haya muchos años que reciba estos favores, siempre gime y anda llorosa, porque de cada uno de ellos le queda mayor dolor.

Es la causa, que como va conociendo más y más las grandezas de su Dios y se ve estar tan ausente y apartada de gozarle, crece mucho más el deseo; porque también crece el amar mientras más se le descubre lo que merece ser amado este gran Dios y Señor; y viene en estos años creciendo poco a poco este deseo de manera que la llega a tan gran pena como ahora diré.

He dicho años, conformándome con lo que ha pasado por la persona que he dicho aquí, que bien entiendo que a Dios no hay que poner término, que en un momento puede llegar a un alma a lo más subido que se dice aquí.

Poderoso es Su Majestad para todo lo que quisiere hacer y ganoso de hacer mucho por nosotros.

Pues viene veces que estas ansias y lágrimas y suspiros y los grandes ímpetus que quedan dichos que todo esto parece procedido de nuestro amor con gran sentimiento, mas todo no es nada en comparación de estotro, porque esto parece un fuego que está humeando y puédese sufrir, aunque con pena, andándose así esta alma, abrasándose en sí misma, acaece muchas veces por un pensamiento muy ligero, o por una palabra que oye de que se tarda el morir, venir de otra parte no se entiende de dónde ni cómo un golpe, o como si viniese una saeta de fuego.

No digo que es saeta, mas cualquier cosa que sea, se ve claro que no podía proceder de nuestro natural. Tampoco es golpe, aunque digo golpe; mas agudamente hiere.

Y no es adonde se sienten acá las penas, a mi parecer, sino en lo muy hondo e íntimo del alma, adonde este rayo, que de presto pasa, todo cuanto halla de esta tierra de nuestro natural y lo deja hecho polvos, que por el tiempo que dura es imposible tener memoria de cosa de nuestro Señor; porque en un punto ata las potencias de manera que no quedan con ninguna libertad para cosa, sino para las que le han de hacer acrecentar este dolor.

No querría pareciese encarecimiento, porque verdaderamente voy viendo que quedo corta, porque no se puede decir. Ello es un arrobamiento de sentidos y potencias para todo lo que no es, como he dicho, ayudar a sentir esta aflicción.

Porque el entendimiento está muy vivo para entender la razón que hay que sentir de estar aquel alma ausente de Dios; y ayuda Su Majestad con una tan viva noticia de Sí en aquel tiempo, de manera que hace crecer la pena en tanto grado, que procede quien la tiene en dar grandes gritos.

Con ser persona sufrida y mostrada a padecer grandes dolores, no puede hacer entonces más; porque este sentimiento no es en el cuerpo como queda dicho, sino en lo interior del alma.

Por esto sacó esta persona cuán más recios son los sentimientos de ella que los del cuerpo, y se le representó ser de esta manera los que padecen en purgatorio, que no les impide no tener cuerpo para dejar de padecer mucho más que todos los que acá, teniéndole, padecen.

Yo vi una persona así, que verdaderamente pensé que se moría, y no era mucha maravilla, porque, cierto, es gran peligro de muerte.

Y así, aunque dure poco, deja el cuerpo muy descoyuntado, y en aquella sazón los pulsos tienen tan abiertos como si el alma quisiese ya dar a Dios, que no es menos; porque el calor natural falta y le abrasa de manera que con otro poquito más hubiera cumplídole Dios sus deseos.

No porque siente poco ni mucho dolor en el cuerpo, aunque se descoyunta, como he dicho, de manera que queda dos o tres días después sin poder aún tener fuerza para escribir, y con grandes dolores; y aun siempre me parece le queda el cuerpo más sin fuerza que de antes.

El no sentirlo debe ser la causa ser tan mayor el sentimiento interior del alma, que ninguna cosa hace caso del del cuerpo; como si acá tenemos un dolor muy agudo en una parte: aunque haya otros muchos, se sienten poco; esto yo lo he bien probado. Acá, ni poco ni mucho, ni creo sentiría si la hiciesen pedazos.

Diréisme que es imperfección; que por qué no se conforma con la voluntad de Dios, pues le está tan rendida. Hasta aquí podía hacer eso, y con eso pasaba la vida. Ahora no, porque su razón está de suerte, que no es señora de ella, ni de pensar sino la razón que tiene para penar, pues está ausente de su bien, que para qué quiere vida.

Siente una soledad extraña, porque criatura de toda la tierra no la hace compañía, ni creo se la harían los del cielo como no fuese el que ama, antes todo la atormenta.

Mas vese como una persona colgada, que no asienta en cosa de la tierra, ni al cielo puede subir; abrasada con esta sed, y no puede llegar al agua; y no sed que puede sufrir, sino ya en tal término que con ninguna se le quitaría, ni quiere que se le quite, si no es con la que dijo nuestro Señor a la Samaritana, y eso no se lo dan.

¡Oh, válgame Dios, Señor, cómo apretáis a vuestros amadores! Mas todo es poco para lo que les dais después.

Bien es que lo mucho cueste mucho. Cuánto más que, si es purificar esta alma para que entre en la séptima morada, como los que han de entrar en el cielo se limpian en el purgatorio, es tan poco este padecer, como sería una gota de agua en la mar.

Cuánto más que con todo este tormento y aflicción, que no puede ser mayor, a lo que yo creo, de todas las que hay en la tierra que esta persona había pasado muchas, así corporales, como espirituales, mas todo le parece nada en esta comparación, siente el alma que es de tanto precio esta pena, que entiende muy bien no la podía ella merecer; sino que no es este sentimiento de manera que la alivia ninguna cosa, mas con esto la sufre de muy buena gana y sufriría toda su vida, si Dios fuese de ello servido; aunque no sería morir de una vez, sino estar siempre muriendo, que verdaderamente no es menos.

Pues consideremos, hermanas, aquellos que están en el infierno, que no están con esta conformidad, ni con este contento y gusto que pone Dios en el alma, ni viendo ser gananacioso este padecer, sino que siempre padecen más y más, digo más y más, cuanto a las penas accidentales.

Siendo el tormento del alma tan más recio que los del cuerpo y los que ellos pasan mayores sin comparación que éste que aquí hemos dicho, y éstos ver que han de ser para siempre jamás, ¿qué será de estas desventuradas almas? Y ¿qué podemos hacer en vida tan corta, ni padecer, que sea nada para librarnos de tan terribles y eternales tormentos? Yo os digo que será imposible dar a entender cuán sentible cosa es el padecer del alma, y cuán diferente al del cuerpo, si no se pasa por ello; y quiere el mismo Señor que lo entendamos, para que más conozcamos lo mucho que le debemos en traernos a estado, que, por su misericordia, tenemos esperanza de que nos ha de librar y perdonar nuestros pecados.

Pues tornando a lo que tratábamos, que dejamos esta alma con mucha pena, en este rigor es poco lo que le dura; será, cuando más, tres o cuatro horas, a mi parecer, porque si mucho durase, si no fuese por milagro, sería imposible sufrirlo la flaqueza natural.

Acaecido ha no durar más que un cuarto de hora y quedar hecha pedazos. Verdad es que esta vez del todo perdió el sentido, según vino con rigor y estando en conversación, Pascua de Resurrección, el postrer día, y habiendo estado toda la Pascua con tanta sequedad, que casi no entendía lo era, de sólo oír una palabra de no acabarse la vida.

¡Pues pensar que se puede resistir!, no más que si, metida en un fuego, quisiese hacer a la llama que no tuviese calor para quemarle.

No es el sentimiento que se puede pasar en disimulación, sin que las que están presentes entiendan el gran peligro en que está, aunque de lo interior no pueden ser testigos; es verdad que le son alguna compañía, como si fuesen sombras, y así le parecen todas las cosas de la tierra.

Y porque veáis que es posible, si alguna vez os viereis en esto, acudir aquí nuestra flaqueza y natural, acaece alguna vez que estando el alma como habéis visto, que se muere por morir cuando aprieta tanto que ya parece que para salir del cuerpo no le falta casi nada, verdaderamente teme y querría aflojase la pena por no acabar de morir.

Bien se deja entender ser este temor de flaqueza natural que por otra parte no se quita su deseo ni es posible haber remedio que se quite esta pena hasta que la quita el mismo Señor, que casi es lo ordinario con un arrobamiento grande, o con alguna visión, adonde el verdadero Consolador la consuela y fortalece, para que quiera vivir todo lo que fuere su voluntad.

Cosa penosa es ésta, mas queda el alma con grandísimos efectos y perdido el miedo a los trabajos que le pueden suceder; porque en comparación del sentimiento tan penoso que sintió su alma, no le parece son nada.

De manera queda aprovechada, que gustaría padecerle muchas veces. Mas tampoco puede eso en ninguna manera, ni hay ningún remedio para tornarle a tener hasta que quiere el Señor, como no le hay para resistirle ni quitarle cuando le viene.

Queda con muy mayor desprecio del mundo que antes, porque ve que cosa de él no le valió en aquel tormento, y muy más desasida de las criaturas, porque ya ve que sólo el Criador es el que puede consolar y hartar su alma, y con mayor temor y cuidado de no ofenderle, porque ve que también puede atormentar como consolar.

Dos cosas me parece a mí que hay en este camino espiritual

que son peligro de muerte: la una ésta, que verdaderamente lo es y no pequeño; la otra, de muy excesivo gozo y deleite, que es en tan grandísimo extremo, que verdaderamente parece que desfallece el alma de suerte que no le falta tantito para acabar de salir del cuerpo: a la verdad, no sería poca dicha la suya.

Aquí veréis, hermanas, si he tenido razón en decir que es menester ánimo y que tendrá razón el Señor, cuando le pidiéreis estas cosas, de deciros lo que respondió a los hijos del Zebedeo: Si podrían beber el cáliz.

Todas creo, hermanas, que responderemos que sí, y con mucha razón; porque Su Majestad da esfuerzo a quien ve que le ha menester, y en todo defiende a estas almas, y responde por ellas en las persecuciones y murmuraciones, como hacía por la Magdalena, aunque no sea por palabras, por obras; y en fin, en fin, antes que se mueran se lo paga todo junto, como ahora veréis. Sea por siempre bendito y alábenle todas las criaturas, amén.

MORADAS SÉPTIMAS

CAPÍTULO UNO

Pareceros ha, hermanas, que está dicho tanto en este camino espiritual, que no es posible quedar nada por decir. Harto desatino sería pensar esto; pues la grandeza de Dios no tiene término, tampoco le tendrán sus obras. ¿Quién acabará de contar sus misericordias y grandezas? Es imposible, y así no os espantéis de lo que está dicho y se dijere, porque es una cifra de lo que hay que contar de Dios.

Harta misericordia nos hace que haya comunicado estas cosas a persona que las podamos venir a saber, para que mientras más supiéremos que se comunica con las criaturas, más alabaremos su grandeza y nos esforzaremos a no tener en poco almas con que tanto se deleita el Señor, pues cada una de nosotras la tiene, sino que como no las preciamos como merece criatura hecha a la imagen de Dios, así no entendemos los grandes secretos que están en ella.

Plega a Su Majestad, si es servido, menee la pluma y me dé a entender cómo yo os diga algo de lo mucho que hay que decir y da Dios a entender a quien mete en esta morada.

Harto lo he suplicado a Su Majestad, pues sabe que mi intento es que no estén ocultas sus misericordias, para que más sea alabado y glorificado su nombre.

Esperanza tengo que, no por mí, sino por nosotras, hermanas, me ha de hacer esta merced, para que entendáis lo que os importa que no quede por vosotras el celebrar vuestro Esposo este espiritual matrimonio con vuestras almas, pues trae tantos bienes consigo como veréis.

¡Oh gran Dios!, parece que tiembla una criatura tan miserable como yo de tratar en cosa tan ajena de lo que merezco entender. Y es verdad que he estado en gran confusión pensando si será mejor acabar con pocas palabras esta morada; porque me parece que han de pensar que yo lo sé por experiencia, y háceme grandísima vergüenza, porque, conociéndome la que soy, es terrible cosa.

Por otra parte, me ha parecido que es tentación y flaqueza, aunque más juicios de estos echéis. Sea Dios alabado y entendido un poquito más, y gríteme todo el mundo; cuánto más que estaré yo quizá muerta cuando se viniere a ver. Sea bendito el que vive para siempre y vivirá, amén.

Cuando nuestro Señor es servido haber piedad de lo que padece y ha padecido por su deseo esta alma que ya espiritualmente ha tomado por esposa, primero que se consuma el matrimonio espiritual métela en su morada, que es esta séptima; porque así como la tiene en el cielo, debe tener en el alma una estancia adonde sólo Su Majestad mora, y digamos otro cielo.

Porque nos importa mucho, hermanas, que no entendamos es

el alma alguna cosa oscura; que como no la vemos, lo más ordinario debe parecer que no hay otra luz interior sino ésta que vemos, y que está dentro de nuestra alma alguna oscuridad.

De la que no está en gracia yo os lo confieso, y no por falta del Sol de Justicia que está en ella dándole ser; sino por no ser ella capaz para recibir la luz, como creo dije en la primera morada, que había entendido una persona que estas desventuradas almas es así que están como en una cárcel oscura, atadas de pies y manos para hacer ningún bien que les aproveche para merecer, y ciegas y mudas.

Con razón podemos compadecernos de ellas y mirar que algún tiempo nos vimos así y que también puede el Señor haber misericordia de ellas.

Tomemos, hermanas, particular cuidado de suplicárselo y no nos descuidar, que es grandísima limosna rogar por los que están en pecado mortal; muy mayor que sería si viésemos un cristiano atadas las manos atrás con una fuerte cadena y él amarrado a un poste y muriendo de hambre, y no por falta de qué coma, que tiene cabe sí muy extremados manjares, sino que no los puede tomar para llegarlos a la boca, y aun está con grande hastío, y ve que va ya a expirar, y no muerte como acá, sino eterna, ¿no sería gran crueldad estarle mirando y no le llegar a la boca qué comiese? Pues ¿qué si por vuestra oración le quitasen las cadenas? Ya lo veis.

Por amor de Dios os pido que siempre tengáis acuerdo en vuestras oraciones de almas semejantes.

No hablamos ahora con ellas, sino con las que ya, por la misericordia de Dios, han hecho penitencia por sus pecados y están en gracia, que podemos considerar no una cosa arrinconada y limitada, sino un mundo interior, adonde caben tantas y tan lindas moradas como habéis visto; y así es razón que sea, pues dentro de esta alma hay morada para Dios.

Pues cuando Su Majestad es servido de hacerle la merced dicha de este divino matrimonio, primero la mete en su morada, y quiere Su Majestad que no sea como otras veces que la ha metido en estos arrobamientos, que yo bien creo que la une consigo entonces y en la oración que queda dicha de unión, aunque no le parece al alma que es tan llamada para entrar en su centro, como aquí en esta morada, sino a la parte superior.

En esto va poco: sea de una manera o de otra, el Señor la junta consigo; mas es haciéndola ciega y muda, como lo quedó San Pablo en su conversión, y quitándola el sentir cómo o de qué manera es aquella merced que goza; porque el gran deleite que entonces siente el alma, es de verse cerca de Dios. Mas cuando la junta consigo, ninguna cosa entiende, que las potencias todas se pierden.

Aquí es de otra manera: quiere ya nuestro buen Dios quitarla las escamas de los ojos y que vea y entienda algo de la merced que le hace, aunque es por una manera extraña; y metida en aquella morada, por visión intelectual, por cierta manera de representación de la verdad, se le muestra la Santísima Trinidad, todas tres personas, con una inflamación que primero viene a su espíritu a manera de una nube de grandísima claridad, y estas Personas distintas, y por una noticia admirable que se da al alma, entiende con grandísima verdad ser todas tres Personas una sustancia y un poder y un saber y un solo Dios; de manera que lo que tenemos por fe, allí lo entiende el alma, podemos decir, por vista, aunque no es vista con los ojos del cuerpo, porque no es visión imaginaria.

Aquí se le comunican todas tres Personas, y la hablan, y la dan a entender aquellas palabras que dice el Evangelio que dijo el Señor: que vendría El y el Padre y el Espíritu Santo a morar con el alma que le ama y guarda sus mandamientos.

¡Oh, válgame Dios! ¡Cuán diferente cosa es oír estas palabras y creerlas, a entender por esta manera cuán verdaderas son! Y cada día se espanta más esta alma, porque nunca más le parece se fueron de con ella, sino que notoriamente ve, de la manera que queda dicho, que están en lo interior de su alma, en lo muy muy interior, en una cosa muy honda, que no sabe decir cómo es, porque no tiene letras, siente en sí esta divina compañía.

Pareceros ha que, según esto, no andará en sí, sino tan embebida que no pueda entender en nada. Mucho más que antes, en todo lo que es servicio de Dios, y en faltando las ocupaciones, se queda con aquella agradable compañía; y si no falta a Dios el alma, jamás El la faltará, a mi parecer, de darse a conocer tan conocidamente su presencia; y tiene gran confianza que no la dejará Dios, pues la ha hecho esta merced, para que la pierda; y así se puede pensar, aunque no deja de andar con más cuidado que nunca, para no le desagradar en nada.

El traer esta presencia entiéndese que no es tan enteramente, digo tan claramente, como se le manifiesta la primera vez y otras algunas que quiere Dios hacerle este regalo; porque si esto fuese, era imposible entender en otra cosa, ni aun vivir entre la gente; mas aunque no es con esta tan clara luz siempre que advierte se halla con esta compañía.

Digamos ahora como una persona que estuviese en una muy clara pieza con otras y cerrasen las ventanas y se quedase a oscuras; no porque se quitó la luz para verlas y que hasta tornar la luz no las ve, deja de entender que están allí. Es de preguntar si cuando torna la luz y las quiere tornar a ver, si puede.

Esto no está en su mano, sino cuando quiere nuestro Señor que se abra la ventana del entendimiento; harta misericordia la hace en nunca se ir de con ella y querer que ella lo entienda tan entendido.

Parece que quiere aquí la divina Majestad disponer el alma para más con esta admirable compañía; porque está claro que será bien ayudada para en todo ir adelante en la perfección y perder el temor que traía algunas veces de las demás mercedes que la hacía, como queda dicho.

Y así fue, que en todo se hallaba mejorada, y le parecía que por trabajos y negocios que tuviese, lo esencial de su alma jamás se movía de aquel aposento, de manera que en alguna manera le parecía había división en su alma, y andando con grandes trabajos, que poco después que Dios le hizo esta merced tuvo, se quejaba de ella, a manera de Marta cuando se quejó de María, y algunas veces la decía que se estaba ella siempre gozando de aquella quietud a su placer, y la deja a ella en tantos trabajos y ocupaciones, que no la puede tener compañía.

Esto os parecerá, hijas, desatino, mas verdaderamente pasa así; que aunque se entiende que el alma está toda junta, no es antojo lo que he dicho, que es muy ordinario.

Por donde decía yo que se ven cosas interiores, de manera que cierto se entiende hay diferencia en alguna manera, y muy conocida, del alma al espíritu, aunque más sea todo uno. Conócese una división tan delicada, que algunas veces parece obra de diferente manera lo uno de lo otro, como el sabor que les quiere dar el Señor.

También me parece que el alma es diferente cosa de las potencias y que no es todo una cosa. Hay tantas y tan delicadas en lo interior, que sería atrevimiento ponerme yo a declararlas.

Allá lo veremos, si el Señor nos hace merced de llevarnos por su misericordia, adonde entendamos estos secretos.

CAPÍTULO DOS

Pues vengamos ahora a tratar del divino y espiritual matrimonio, aunque esta gran merced no debe cumplirse con perfección mientras vivimos pues si nos apartásemos de Dios, se perdería este tan gran bien.

La primera vez que Dios hace esta merced quiere Su Majestad mostrarse al alma por visión imaginaria de su sacratísima Humanidad, para que lo entienda bien y no esté ignorante de que recibe tan soberano don.

A otras personas será por otra forma, a ésta de quien hablamos, se le representó el Señor, acabando de comulgar, con forma de gran resplandor y hermosura y majestad, como después de resucitado, y le dijo que ya era tiempo de que sus cosas tomase ella por suyas, y El tendría cuidado de las suyas, y otras palabras que son más para sentir que para decir.

Parecerá que no era ésta novedad, pues otras veces se había representado el Señor a esta alma en esta manera. Fue tan diferente, que la dejó bien desatinada y espantada: lo uno, porque fue con gran fuerza esta visión; lo otro, porque las palabras que le dijo, y también porque en lo interior de su alma, adonde se le representó, si no es la visión pasada, no había visto otras; porque entended que hay grandísima diferencia de todas las pasadas a las de esta morada, y tan grande del desposorio espiritual, al matrimonio espiritual, como le hay entre dos desposados, a los que ya no se pueden apartar.

Ya he dicho que, aunque se ponen estas comparaciones, porque no hay otras más a propósito, que se entienda que aquí no hay memoria de cuerpo más que si el alma no estuviese en él, sino sólo espíritu, y en el matrimonio espiritual, muy menos, porque pasa esta secreta unión en el centro muy interior del alma, que debe ser adonde está el mismo Dios, y a mi parecer no ha menester puerta por donde entre.

Digo que no es menester puerta, porque en todo lo que se ha dicho hasta aquí, parece que va por medio de los sentidos y potencias, y este aparecimiento de la Humanidad del Señor así debía ser; mas lo que pasa en la unión del matrimonio espiritual es muy diferente: aparécese el Señor en este centro del alma sin visión imaginaria sino intelectual, aunque más delicada que las dichas, como se apareció a los Apóstoles sin entrar por la puerta, cuando les dijo: «Pax vobis».

Es un secreto tan grande y una merced tan subida lo que comunica Dios allí al alma en un instante, y el grandísimo deleite que siente el alma, que no sé a qué lo comparar, sino a que quiere el Señor manifestarle por aquel momento la gloria que hay en el cielo, por más subida manera que por ninguna visión ni gusto espiritual.

No se puede decir más de que a cuanto se puede entender queda el alma, digo el espíritu de esta alma, hecho una cosa con

Dios que, como es también espíritu, ha querido Su Majestad mostrar el amor que nos tiene, en dar a entender a algunas personas hasta adonde llega para que alabemos su grandeza, porque de tal manera ha querido juntarse con la criatura, que así como los que ya no se pueden apartar, no se quiere apartar El de ella.

El desposorio espiritual es diferente, que muchas veces se apartan, y la unión también lo es; porque, aunque unión es juntarse dos cosas en una, en fin, se pueden apartar y quedar cada cosa por sí, como vemos ordinariamente, que pasa de presto esta merced del Señor, y después se queda el alma sin aquella compañía, digo de manera que lo entienda.

En estotra merced del Señor, no; porque siempre queda el alma con su Dios en aquel centro.

Digamos que sea la unión, como si dos velas de cera se juntasen tan en extremo, que toda la luz fuese una, o que el pábilo y la luz y la cera es todo uno; mas después bien se puede apartar la una vela de la otra, y quedan en dos velas, o el pábilo de la cera.

Acá es como si cayendo agua del cielo en un río o fuente, adonde queda hecho todo agua, que no podrán ya dividir ni apartar cual es el agua, del río, o lo que cayó del cielo; o como si un arroyico pequeño entra en la mar, no habrá remedio de apartarse; o como si en una pieza estuviesen dos ventanas por donde entrase gran luz; aunque entra dividida se hace todo una luz.

Quizá es esto lo que dice San Pablo: El que se arrima y allega a Dios, hácese un espíritu con El, tocando este soberano matrimonio, que presupone haberse llegado Su Majestad al alma por unión.

Y también dice: *Mihi vivere Chistus est, mori lucrum*; así me parece puede decir aquí el alma, porque es adonde la mariposilla, que hemos dicho, muere y con grandísimo gozo, porque su vida es ya Cristo.

Y esto se entiende mejor, cuando anda el tiempo, por los efectos, porque se entiende claro, por unas secretas aspiraciones, ser Dios el que da vida a nuestra alma, muy muchas veces tan vivas, que en ninguna manera se puede dudar, porque las siente muy bien el alma, aunque no se saben decir, mas que es tanto este sentimiento que producen algunas veces unas palabras regaladas, que parecen no se pueden excusar de decir: ¡Oh, vida de mi vida y sustento que me sustentas!, y cosas de esta manera.

Porque de aquellos pechos divinos adonde parece está Dios siempre sustentando el alma, salen unos rayos de leche que toda la gente del castillo conforta; que parece quiere el Señor que gocen de alguna manera de lo mucho que goza el alma, y que de aquel río caudaloso, adonde se consumió esta fontecita pequeña, salgan algunas veces algún golpe de aquel agua para sustentar los que en lo corporal han de servir a estos dos desposados.

Y así como sentiría este agua una persona que está descuidada si la bañasen de presto en ello, y no lo podía dejar de sentir, de la misma manera, y aun con más certidumbre se entienden estas operaciones que digo.

Porque así como no nos podría venir un gran golpe de agua, si no tuviese principio como he dicho, así se entiende claro que hay en lo interior quien arroje estas saetas y dé vida a esta vida, y que hay sol de donde procede una gran luz, que se envía a las potencias, de lo interior del alma.

Ella como he dicho no se muda de aquel centro ni se le pierde la paz; porque el mismo que la dio a los apóstoles, cuando estaban juntos se la puede dar a ella.

Heme acordado que esta salutación del Señor debía ser mucho más de lo que suena, y el decir a la gloriosa Magdalena que se fuese en paz; porque como las palabras del Señor son hechas como obras en nosotros, de tal manera debían hacer la operación en aquellas almas que estaban ya dispuestas, que apartase en ellos todo lo que es corpóreo en el alma y la dejase en puro espíritu, para que se pudiese juntar en esta unión celestial con el espíritu increado, que es muy cierto que en vaciando nosotros todo lo que es criatura y desasiéndonos de ella por amor de Dios, el mismo Señor la ha de henchir de Sí.

Y así, orando una vez Jesucristo nuestro Señor por sus apóstoles no sé adónde es dijo, que fuesen una cosa con el Padre y con El, como Jesucristo nuestro Señor está en el Padre y el Padre en El.

¡No sé qué mayor amor puede ser que éste! Y no dejamos de entrar aquí todos, porque así dijo Su Majestad: No sólo ruego por ellos, sino por todos aquellos que han de creer en mi también, y dice: Yo estoy en ellos.

¡Oh, válgame Dios, qué palabras tan verdaderas!, y ¡cómo las entiende el alma, que en esta oración lo ve por sí! Y ¡cómo lo entenderíamos todas si no fuese por nuestra culpa, pues las palabras de Jesucristo nuestro Rey y Señor no pueden faltar! Mas como faltamos en no disponernos y desviarnos de todo lo que puede embarazar esta luz, no nos vemos en este espejo que contemplamos, adonde nuestra imagen está esculpida.

Pues tornando a lo que decíamos, en metiendo el Señor al alma en esta morada suya, que es el centro de la misma alma, así como dicen que el cielo empíreo, adonde está nuestro Señor, no se mueve como los demás, así parece no hay los movimientos en esta alma, en entrando aquí, que suele haber en las potencias e imaginación, de manera que la perjudiquen ni la quiten su paz.

Parece que quiero decir que llegando el alma a hacerla Dios esta merced, está segura de su salvación y de tornar a caer.

No digo tal, y en cuantas partes tratare de esta manera, que parece está el alma en seguridad, se entienda mientras la divina Majestad la tuviere así de su mano y ella no le ofendiere.

Al menos sé cierto que, aunque se ve en este estado y le ha durado años, que no se tiene por segura, sino que anda con mucho más temor que antes en guardarse de cualquier pequeña ofensa de Dios y con tan grandes deseos de servirle como se dirá adelante, y con ordinaria pena y confusión de ver lo poco que puede hacer y lo mucho a que está obligada, que no es pequeña cruz, sino harto gran penitencia, porque el hacer penitencia esta alma, mientras más grande, le es mayor deleite.

La verdadera penitencia es cuando le quita Dios la salud para poderla hacer y fuerzas; que aunque en otra parte he dicho la gran pena que esto da, es muy mayor aquí, y todo le debe venir de la raíz adonde está plantada; que así como el árbol que está cabe las corrientes de las aguas está más fresco y da más fruto, ¿qué hay que maravillar de deseos que tenga esta alma, pues el verdadero espíritu de ella está hecho uno con el agua celestial que dijimos?

Pues, tornando a lo que decía, no se entienda que las potencias y sentidos y pasiones están siempre en esta paz; el alma sí; mas en estotras moradas no deja de haber tiempos de guerra y de trabajos y fatigas; mas son de manera que no se quita de su paz y puesto: esto es lo ordinario.

Este centro de nuestra alma, o este espíritu, es una cosa tan dificultosa de decir y aun de creer, que pienso, hermanas, por no me saber dar a entender, no os dé alguna tentación de no creer lo que digo; porque decir que hay trabajos y penas, y que el alma se está en paz, es cosa dificultosa.

Quiéroos poner una comparación o dos. Plega a Dios que sean tales que diga algo; mas si no lo fuere, yo sé que digo verdad en lo dicho.

Está el Rey en su palacio, y hay muchas guerras en su reino y muchas cosas penosas, mas no por eso deja de estarse en su puesto; así acá, aunque en estotras moradas anden muchas baraúndas y fieras ponzoñosas y se oye el ruido, nadie entra en aquélla que la haga quitar de allí; ni las cosas que oye, aunque le dan alguna pena, no es de manera que la alboroten y quiten la paz, porque las pasiones están ya vencidas, de suerte que han miedo de entrar allí, porque salen más rendidas.

Duélenos todo el cuerpo; mas si la cabeza está sana, no porque duele el cuerpo, dolerá la cabeza.

Riéndome estoy de estas comparaciones, que no me contentan, mas no sé otras. Pensad lo que quisiereis; ello es verdad lo que he dicho.

CAPÍTULO TRES

Ahora, pues, decimos que esta mariposica ya murió, con grandisima alegría de haber hallado reposo, y que vive en ella Cristo. Veamos qué vida hace, o qué diferencia hay de cuando ella vivía; porque en los efectos veremos si es verdadero lo que queda dicho. A lo que puedo entender, son los que diré:

El primero un olvido de sí, que verdaderamente parece ya no es, como queda dicho; porque toda está de tal manera que no se conoce ni se acuerda que para ella ha de haber cielo ni vida ni honra, porque toda está empleada en procurar la de Dios, que parece que las palabras que le dijo Su Majestad hicieron efecto de obra, que fue que mirase por sus cosas, que El miraría por las suyas.

Y así, de todo lo que puede suceder no tiene cuidado, sino un extraño olvido, que como digo parece ya no es ni querría ser en nada nada, si no es para cuando entiende que puede haber por su parte algo en que acreciente un punto la gloria y honra de Dios, que por esto pondría muy de buena gana su vida.

No entendáis por esto, hijas, que deja de tener cuenta con comer y dormir, que no le es poco tormento, y hacer todo lo que está obligada conforme a su estado; que hablamos en cosas interiores, que de obras exteriores poco hay que decir, que antes ésa es su pena ver que es nada lo que ya pueden sus fuerzas.

En todo lo que puede y entiende que es servicio de nuestro Señor, no lo dejaría de hacer por cosa de la tierra.

Lo segundo un deseo de padecer grande, mas no de manera que la inquiete como solía; porque es en tanto extremo el deseo que queda en estas almas de que se haga la voluntad de Dios en ellas, que todo lo que Su Majestad hace tienen por bueno: si quisiere que padezca, enhorabuena; si no, no se mata como solía.

Tienen también estas almas un gran gozo interior cuando son perseguidas, con mucha más paz que lo que queda dicho, y sin ninguna enemistad con los que las hacen mal o desean hacer; antes les cobran amor particular, de manera que si los ven en algún trabajo lo sienten tiernamente, y cualquiera tomarían por librarlos de él, y encomiéndanlos a Dios muy de gana, y de las mercedes que les hace Su Majestad holgarían perder porque se las hiciese a ellos, porque no ofendiesen a nuestro Señor.

Lo que más me espanta de todo, es que ya habéis visto los trabajos y aflicciones que han tenido por morirse, por gozar de nuestro Señor; ahora es tan grande el deseo que tienen de servirle y que por ellas sea alabado, y de aprovechar algún alma si pudiesen, que no sólo no desean morirse, mas vivir muy muchos años padeciendo grandísimos trabajos, por si pudiesen que fuese el Señor alabado por ellos, aunque fuese en cosa muy poca.

Y si supiesen cierto que en saliendo el alma del cuerpo ha de gozar de Dios, no les hace al caso, ni pensar en la gloria que tienen los santos; no desean por entonces verse en ella: su gloria tienen puesta en si pudiesen ayudar en algo al Crucificado, en especial cuando ven que es tan ofendido, y los pocos que hay que de veras miren por su honra, desasidos de todo lo demás.

Verdad es que algunas veces que se olvida de esto tornan con ternura los deseos de gozar de Dios y desear salir de este destierro, en especial viendo lo poco que le sirve; mas luego torna y mira en sí misma con la continuanza que le tiene consigo, y con aquello se contenta y ofrece a Su Majestad el querer vivir, como una ofrenda la más costosa para ella que le puede dar.

Temor ninguno tiene de la muerte, más que tendría de un suave arrobamiento. El caso es que el que daba aquellos deseos con tormento tan excesivo, da ahora estotros.

Sea por siempre bendito y alabado.

El fin es que los deseos de estas almas no son ya de regalos ni de gustos, como tienen consigo al mismo Señor, y Su Majestad es el que ahora vive.

Claro está que su vida no fue sino continuo tormento, y así hace que sea la nuestra, al menos con los deseos, que nos lleva como a flacos en lo demás; aunque bien les cabe de su fortaleza cuando ve que la han menester.

Un desasimiento grande de todo y deseo de estar siempre o solas u ocupadas en cosa que sea provecho de algún alma. No sequedades ni trabajos interiores, sino con una memoria y ternura con nuestro Señor, que nunca querría estar sino dándole alabanzas; y cuando se descuida, el mismo Señor la despierta de la manera que queda dicho, que se ve clarísimamente que procede aquel impulso, o no sé cómo le llame, de lo interior del alma, como se dijo de los ímpetus.

Acá es con gran suavidad, mas ni procede del pensamiento,

ni de la memoria, ni cosa que se pueda entender que el alma hizo nada de su parte.

Esto es tan ordinario y tantas veces que se ha mirado bien con advertencia, que así como un fuego no echa la llama hacia abajo, sino hacia arriba, por grande que quieran encender el fuego, así se entiende acá que este movimiento interior procede del centro del alma y despierta las potencias.

Por cierto, cuando no hubiera otra cosa de ganancia en este camino de oración, sino entender el particular cuidado que Dios tiene de comunicarse con nosotros y andarnos rogando que no parece esto otra cosa que nos estemos con El, me parece eran bien empleados cuantos trabajos se pasan por gozar de estos toques de su amor, tan suaves y penetrativos.

Esto habréis, hermanas, experimentado; porque pienso, en llegando a tener oración de unión, anda el Señor con este cuidado, si nosotros no nos descuidamos de guardar sus mandamientos.

Cuando esto os acaeciere, acordaos que es de esta morada interior, adonde está Dios en nuestra alma, y alabadle mucho; porque, cierto, es suyo aquel recaudo o billete escrito con tanto amor, y de manera que sólo vos quiere entendáis aquella letra y lo que por ella os pide, y en ninguna manera dejéis de responder a Su Majestad, aunque estéis ocupadas exteriormente y en conversación con algunas personas; porque acaecerá muchas veces en público querer nuestro Señor haceros esta secreta merced, y es muy fácil como ha de ser la respuesta interior hacer lo que digo haciendo un acto de amor, o decir lo que San Pablo: ¿qué queréis, Señor, que haga? de muchas maneras os enseñará allí con qué le agradéis y es tiempo acepto; porque parece se entiende que nos oye, y casi siempre dispone el alma este toque tan delicado para poder hacer lo que queda dicho con voluntad determinada.

La diferencia que hay aquí en esta morada es lo dicho: que casi nunca hay sequedad ni alborotos interiores de los que había en todas las otras a tiempos, sino que está el alma en quietud casi siempre; el no temer que esta merced tan subida puede contrahacer el demonio, sino estar en un ser con seguridad que es Dios; porque como está dicho no tienen que ver aquí los sentidos ni potencias, que se descubrió Su Majestad al alma y la metió consigo adonde, a mi parecer, no osará entrar el demonio ni le dejará el Señor; ni todas las mercedes que hace aquí al alma - como he dicho son con ningún ayuda de la misma alma, sino la que ya ella ha hecho de entregarse toda a Dios.

Pasa con tanta quietud y tan sin ruido todo lo que el Señor aprovecha aquí al alma y la enseña, que me parece es como en la edificación del templo de Salomón, adonde no se había de oír ningún ruido; así en este templo de Dios, en esta morada suya, sólo El y el alma se gozan con grandísimo silencio.

No hay para qué bullir ni buscar nada el entendimiento, que el Señor que le crió le quiere sosegar aquí, y que por una resquicia pequeña mire lo que pasa; porque aunque a tiempos se pierde esta vista y no le dejan mirar, es poquísimo intervalo; porque, a mi parecer, aquí no se pierden las potencias, mas no obran, sino están como espantadas.

Yo lo estoy de ver que en llegando aquí el alma todos los arrobamientos se le quitan, si no es alguna vez, (el quitarse llama aquí cuanto a perder los sentidos) y está no con aquellos arrobatamientos y vuelo de espíritu, y son muy raras veces y ésas casi siempre no en público como antes, que era muy ordinario; ni le hacen al caso grandes ocasiones de devoción que vea, como antes, que si ven una imagen devota u oyen un sermón que casi no era oírle o música, como la pobre mariposilla andaba tan ansiosa, todo la espantaba y hacía volar.

Ahora, o es que halló su reposo, o que el alma ha visto tanto en esta morada que no se espanta de nada, o que no se halla con aquella soledad que solía, pues goza de tal compañía; en fin, hermanas, yo no sé qué sea la causa, que en comenzando el Señor a mostrar lo que hay en esta morada y metiendo el alma allí, se les quita esta gran flaqueza que les era harto trabajo, y antes no se quitó.

Quizá es que la ha fortalecido el Señor y ensanchado y habilitado; o pudo ser que quería dar a entender en público lo que hacía con estas almas en secreto, por algunos fines que Su Majestad sabe, que sus juicios son sobre todo lo que acá podemos imaginar.

Estos efectos, con todos los demás que hemos dicho que sean buenos en los grados de oración que quedan dichos, da Dios cuando llega el alma a Sí, con este ósculo que pedía la Esposa, que yo entiendo aquí se le cumple esta petición.

Aquí se dan las aguas a esta cierva, que va herida, en abundancia. Aquí se deleita en el tabernáculo de Dios.

Aquí halla la paloma que envió Noé a ver si era acabada la tempestad, la oliva, por señal que ha hallado tierra firme dentro en las aguas y tempestades de este mundo.

¡Oh Jesús! Y ¡quién supiera las muchas cosas de la Escritura que debe haber para dar a entender esta paz del alma! Dios mío, pues veis lo que nos importa, haced que quieran los cristianos buscarla, y a los que la habéis dado, no se le quitéis, por vuestra misericordia; que, en fin, hasta que les deis la verdadera, y las llevéis adonde no se puede acabar, siempre se ha de vivir con temor.

Digo la verdadera, no porque entienda ésta no lo es, sino porque se podría tornar la guerra primera, si nosotros nos apartásemos de Dios.

Mas ¿qué sentirán estas almas de ver que podrían carecer de tan gran bien? Esto les hace andar más cuidadosas y procurar sacar fuerzas de su flaqueza, para no dejar cosa que se les pueda ofrecer, para más agradar a Dios, por culpa suya.

Mientras más favorecidas de Su Majestad, andan más acobardadas y temerosas de sí.

Y como en estas grandezas suyas han conocido más sus miserias y se les hacen más graves sus pecados, andan muchas veces que no osan alzar los ojos, como el publicano; otras con deseos de acabar la vida por verse en seguridad, aunque luego tornan, con el amor que le tienen, a querer vivir para servirle como queda dicho y fían todo lo que les toca de su misericordia.

Algunas veces las muchas mercedes las hacen andar más aniquiladas, que temen que, como una nao que va muy demasiado de cargada se va a lo hondo, no les acaezca así.

Yo os digo, hermanas, que no les falta cruz, salvo que no las inquieta ni hace perder la paz, sino pasan de presto, como una ola, algunas tempestades, y torna bonanza; que la presencia que traen del Señor les hace que luego se les olvide todo. Sea por siempre bendito y alabado de todas sus criaturas, amén.

CAPÍTULO CUATRO

No habéis de entender, hermanas, que siempre en un ser están estos efectos que he dicho en estas almas, que por eso adonde se me acuerda digo «lo ordinario»; que algunas veces las deja nuestro Señor en su natural, y no parece sino que entonces se juntan todas las cosas ponzoñosas del arrabal y moradas de este castillo para vengarse de ellas por el tiempo que no las pueden haber a las manos.

Verdad es que dura poco: un día lo más, o poco más; y en este gran alboroto, que procede lo ordinario de alguna ocasión, se ve lo que gana el alma en la buena compañía que está, porque la da el Señor una gran entereza para no torcer en nada de su servicio y buenas determinaciones, sino que parece le crecen, y por un primer movimiento muy pequeño no tuercen de esta determinación.

Como digo, es pocas veces, sino que quiere nuestro Señor que no pierda la memoria de su ser, para que siempre esté humilde, lo uno; lo otro, porque entienda más lo que debe a Su Majestad y la grandeza de la merced que recibe, y le alabe.

Tampoco os pase por pensamiento que por tener estas almas tan grandes deseos y determinación de no hacer una imperfección por cosa de la tierra, dejan de hacer muchas, y aun pecados.

De advertencia no, que las debe el Señor a estas tales dar muy particular ayuda para esto. Digo pecados veniales, que de los mortales, que ellas entiendan, están libres, aunque no seguras; que tendrán algunos que no entienden, que no les será pequeño tormento.

También se le dan las almas que ven que se pierden; y aunque en alguna manera tienen gran esperanza que no serán de ellas, cuando se acuerdan de algunos que dice la Escritura que parecía eran favorecidos del Señor, como un Salomón, que tanto comunicó con Su Majestad, no pueden dejar de temer, como tengo dicho; y la que se viere de vosotras con mayor seguridad en sí, ésa tema más, porque bienaventurado el varón que teme a Dios, dice David.

Su Majestad nos ampare siempre; suplicárselo para que no le ofendamos es la mayor seguridad que podemos tener. Sea por siempre alabado, amén.

Bien será, hermanas, deciros qué es el fin para que hace el Señor tantas mercedes en este mundo. Aunque en los efectos de ellas lo habréis entendido, si advertisteis en ello, os lo quiero tornar a decir aquí, porque no piense alguna que es para sólo regalar estas almas, que sería grande yerro; porque no nos puede Su Majestad hacer mayor, que es darnos vida que sea imitando a la que vivió su Hijo tan amado; y así tengo yo por cierto que son estas mercedes para fortalecer nuestra flaqueza como aquí he dicho alguna vez para poderle imitar en el mucho padecer.

Siempre hemos visto que los que más cercanos anduvieron a Cristo nuestro Señor fueron los de mayores trabajos: miremos los que pasó su gloriosa Madre y los gloriosos apóstoles.

¿Cómo pensáis que pudiera sufrir San Pablo tan grandísimos trabajos? Por él podemos ver qué efectos hacen las verdaderas visiones y contemplación, cuando es de nuestro Señor y no imaginación o engaño del demonio. ¿Por ventura escondióse con ellas para gozar de aquellos regalos y no entender en otra cosa? Ya lo veis, que no tuvo día de descanso, a lo que podemos entender, y tampoco le debía tener de noche, pues en ella ganaba lo que había de comer.

Gusto yo mucho de San Pedro cuando iba huyendo de la cárcel y le apareció nuestro Señor y le dijo que iba a Roma a ser crucificado otra vez. Ninguna rezamos esta fiesta adonde esto está, que no me es particular consuelo.

¿Cómo quedó San Pedro de esta merced del Señor, o qué hizo? Irse luego a la muerte; y no es poca misericordia del Señor hallar quien se la dé.

¡Oh hermanas mías, qué olvidado debe tener su descanso, y qué poco se le debe de dar de honra, y qué fuera debe estar de querer ser tenida en nada el alma adonde está el Señor tan particularmente! Porque si ella está mucho con El, como es razón, poco se debe de acordar de sí; toda la memoria se le va en cómo más contentarle, y en qué o por dónde mostrará el amor que le tiene.

Para esto es la oración, hijas mías; de esto sirve este matrimonio espiritual: de que nazcan siempre obras, obras.

Esta es la verdadera muestra de ser cosa y merced hecha de Dios como ya os he dicho, porque poco me aprovecha estarme muy recogida a solas haciendo actos con nuestro Señor, proponiendo y prometiendo de hacer maravillas por su servicio, si en saliendo de allí, que se ofrece la ocasión, lo hago todo al revés.

Mal dije que aprovechará poco, que todo lo que se está con Dios aprovecha mucho; y estas determinaciones, aunque seamos flacos en no las cumplir después, alguna vez, nos dará Su Majestad cómo lo hagamos, y aun quizá aunque nos pese, como acaece muchas veces: que, como ve un alma muy cobarde, dale un muy gran trabajo, bien contra su voluntad, y sácala con ganancia; y después, como esto entiende el alma, queda más perdido el miedo, para ofrecerse más a El. Quise decir que es poco, en comparación de lo mucho más que es que conformen las obras con los actos y palabras, y que la que no pudiere por junto, sea poco a poco; vaya doblando su voluntad, si quiere que le aproveche la oración: que dentro de estos rincones no faltarán hartas ocasiones en que lo podáis hacer.

Mirad que importa esto mucho más que yo os sabré encarecer. Poned los ojos en el Crucificado y haráseos todo poco. Si Su Majestad nos mostró el amor con tan espantables obras y tormentos, ¿cómo queréis contentarle con sólo palabras? ¿Sabéis qué es ser espirituales de veras? Hacerse esclavos de Dios, a quien, señalados con su hierro que es el de la cruz, porque ya ellos le han dado su libertad, los pueda vender por esclavos de todo el mundo, como El lo fue; que no les hace ningún agravio ni pequeña merced.

Y si a esto no se determinan, no hayan miedo que aprovechen mucho, porque todo este edificio como he dicho es su cimiento humildad; y si no hay ésta muy de veras, aun por vuestro bien no querrá el Señor subirle muy alto, porque no dé todo en el suelo.

Así que, hermanas, para que lleve buenos cimientos, procurad ser la menor de todas y esclava suya, mirando cómo o por dónde las podéis hacer placer y servir; pues lo que hiciereis en este caso, hacéis más por vos que por ellas, poniendo piedras tan firmes, que no se os caiga el castillo.

Torno a decir, que para esto es menester no poner vuestro fundamento sólo en rezar y contemplar; porque, si no procuráis virtudes y hay ejercicio de ellas, siempre os quedaréis enanas; y aun plega a Dios que sea sólo no crecer, porque ya sabéis que quien no crece, descrece; porque el amor tengo por imposible contentarse de estar en un ser, adonde le hay.

Pareceros ha que hablo con los que comienzan, y que después pueden ya descansar. Ya os he dicho que el sosiego que tienen estas almas en lo interior, es para tenerle muy menos, ni querer tenerle, en lo exterior.

¿Para qué pensáis que son aquellas inspiraciones que he dicho, o por mejor decir aspiraciones, y aquellos recaudos que envía el alma del centro interior a la gente de arriba del castillo, y a las moradas que están fuera de donde ella está? ¿Es para que se echen a dormir? ¡No, no, no!, que más guerra les hace desde allí, para que no estén ociosas potencias y sentidos y todo lo corporal, que les ha hecho cuando andaba con ellos padeciendo; porque entonces no entendía la ganancia tan grande que son los trabajos, que por ventura han sido medios para traerla Dios allí, y cómo la compañía que tiene le da fuerzas muy mayores que nunca. Porque si acá dice David que con los santos seremos santos, no hay que dudar, sino que, estando hecha una cosa con el Fuerte por la unión tan soberana de espíritu con espíritu, se le ha de pegar fortaleza, y así veremos la que han tenido los santos para padecer y morir.

Es muy cierto que aun de la que ella allí se le pega, acude a todos los que están en el castillo, y aun al mismo cuerpo, que parece muchas veces no se siente; sino, esforzado con el esfuerzo que tiene el alma bebiendo del vino de esta bodega, adonde la ha traído su Esposo y no la deja salir, redunda en el flaco cuerpo, como acá el manjar que se pone en el estómago da fuerza a la cabeza y a todo él. Y así tiene harta malaventura mientras vive; porque, por mucho que haga, es mucho más la fuerza interior y la guerra que se le da, que todo le parece nonada.

De aquí debían venir las grandes penitencias que hicieron muchos santos, en especial la gloriosa Magdalena, criada siempre en tanto regalo, y aquella hambre que tuvo nuestro padre Elías de la honra de su Dios y tuvo Santo Domingo y San Francisco de allegar almas para que fuese alabado; que yo os digo que no debían pasar poco, olvidados de sí mismos.

Esto quiero yo, mis hermanas, que procuremos alcanzar, y no para gozar, sino para tener estas fuerzas para servir: deseemos y nos ocupemos en la oración; no queramos ir por camino no andado, que nos perderemos al mejor tiempo; y sería bien nuevo pensar tener estas mercedes de Dios por otro que el que Él fue y han ido todos sus santos; no nos pase por pensamiento; creedme, que Marta y María han de andar juntas para hospedar al Señor y tenerle siempre consigo, y no le hacer mal hospedaje no le dando de comer.

¿Cómo se lo diera María, sentada siempre a sus pies, si su hermana no le ayudara? Su manjar es que de todas las maneras que pudiéremos lleguemos almas para que se salven y siempre le alaben.

Decirme heis dos cosas: la una, que dijo que María había escogido la mejor parte. Y es que ya había hecho el oficio de

Marta, regalando al Señor en lavarle los pies y limpiarlos con sus cabellos, y ¿pensáis que le sería poca mortificación a una señora como ella era, irse por esas calles, y por ventura sola, porque no llevaba hervor para entender cómo iba, y entrar adonde nunca había entrado, y después sufrir la murmuración del fariseo y otras muy muchas que debía sufrir? Porque ver en el pueblo una mujer como ella hacer tanta mudanza, y como sabemos, entre tan mala gente, que bastaba ver que tenía amistad con el Señor, a quien ellos tenían tan aborrecido, para traer a la memoria la vida que había hecho, y que se quería ahora hacer santa, porque está claro que luego mudaría vestido y todo lo demás; pues ahora se dice a personas, que no son tan nombradas, ¿qué sería entonces? Yo os digo, hermanas, que venía «la mejor parte» sobre hartos trabajos y mortificación, que aunque no fuera sino ver a su Maestro tan aborrecido, era intolerable trabajo.

Pues los muchos que después pasó en la muerte del Señor y en los años que vivió, en verse ausente de El, que serían de terrible tormento, se verá que no estaba siempre con regalo de contemplación a los pies del Señor. Tengo para mí que el no haber recibido martirio fue por haberle pasado en ver morir al Señor.

La otra, que no podéis vosotras, ni tenéis cómo allegar almas a Dios; que lo haríais de buena gana, mas que no habiendo de enseñar ni de predicar, como hacían los apóstoles, que no sabéis cómo.

A esto he respondido por escrito algunas veces, y aun no sé si en este Castillo; mas porque es cosa que creo os pasa por pensamiento, con los deseos que os da el Señor, no dejaré de decirlo aquí: ya os dije en otra parte que algunas veces nos pone el demonio deseos grandes, porque no echemos mano de lo que tenemos a mano para servir a nuestro Señor en cosas posibles, y quedemos contentas con haber deseado las imposibles. Dejado que en la oración ayudaréis mucho, no queráis aprovechar a todo el mundo, sino a las que están en vuestra compañía, y así será mayor la obra, porque estáis a ellas más obligada.

¿Pensáis que es poca ganancia que sea vuestra humildad tan grande, y mortificación, y el servir a todas, y una gran caridad con ellas, y un amor del Señor, que ese fuego las encienda a todas, y con las demás virtudes siempre las andéis despertando? No será sino mucha, y muy agradable servicio al Señor, y con esto que ponéis por obra que podéis, entenderá Su Majestad que haríais mucho más; y así os dará premio como si le ganaseis muchas.

Diréis que esto no es convertir, porque todas son buenas. ¿Quién os mete en eso? Mientras fueren mejores, más agradables serán sus alabanzas al Señor y más aprovechará su oración a los prójimos.

En fin, hermanas mías, con lo que concluyo es, que no hagamos torres sin fundamento, que el Señor no mira tanto la grandeza de las obras como el amor con que se hacen; y como hagamos lo que pudiéremos, hará Su Majestad que vayamos pudiendo cada día más y más, como no nos cansemos luego, sino que lo poco que dura esta vida y quizá será más poco de lo que cada una piensa interior y exteriormente ofrezcamos al Señor el sacrificio que pudiéremos, que Su Majestad le juntará con el que hizo en la cruz por nosotras al Padre, para que tenga el valor que nuestra voluntad hubiere merecido, aunque sean pequeñas las obras.

Plega a Su Majestad, hermanas e hijas mías, que nos veamos todas adonde siempre le alabemos, y me dé gracia para que yo obre algo de lo que os digo, por los méritos de su Hijo, que vive y reina por siempre jamás amén; que yo os digo que es harta confusión mía, y así os pido por el mismo Señor que no olvidéis en vuestras oraciones esta pobre miserable.

EPÍLOGO

JHS

Aunque cuando comencé a escribir esto que aquí va fue con la contradicción que al principio digo, después de acabado me ha dado mucho contento y doy por bien empleado el trabajo, aunque confieso que ha sido harto poco.

Considerando el mucho encerramiento y pocas cosas de entretenimiento que tenéis, mis hermanas, y no casas tan bastantes como conviene en algunos monasterios de los vuestros, me parece os será consuelo deleitaros en este castillo interior, pues sin licencia de las superioras podéis entrar y pasearos por él a cualquier hora.

Verdad es que no en todas las moradas podréis entrar por vuestras fuerzas, aunque os parezca las tenéis grandes, si no os mete el mismo Señor del castillo. Por eso os aviso, que ninguna fuerza pongáis, si hallareis resistencia alguna, porque le enojaréis de manera, que nunca os deje entrar en ellas.

Es muy amigo de humildad. Con teneros por tales que no merecéis aún entrar en las terceras, le ganaréis más presto la voluntad para llegar a las quintas; y de tal manera le podéis servir desde allí, continuando a ir muchas veces a ellas, que os meta en la misma morada que tiene para Sí, de donde no salgáis más, si no fuereis llamada de la priora cuya voluntad quiere tanto este gran Señor que cumpláis como la suya misma; y aunque mucho estéis fuera por su mandado, siempre cuando tornareis, os tendrá la puerta abierta.

Una vez mostradas a gozar de este castillo, en todas las cosas hallaréis descanso, aunque sean de mucho trabajo, con esperanza de tornar a él, y que no os lo puede quitar nadie.

Aunque no se trata de más de siete moradas, en cada una de éstas hay muchas: en lo bajo y alto y a los lados, con lindos jardines y fuentes y laberintos y cosas tan deleitosas, que desearéis deshaceros en alabanzas del gran Dios, que lo crió a su imagen y semejanza.

Si algo hallareis bueno en la orden de daros noticia de él, creed verdaderamente que lo dijo Su Majestad por daros a vosotras contento, y lo malo que hallareis, es dicho de mí.

Por el gran deseo que tengo de ser alguna parte para ayudaros a servir a este mi Dios y Señor, os pido que en mi nombre, cada vez que leyereis aquí, alabéis mucho a Su Majestad y le pidáis el aumento de su Iglesia y luz para los luteranos; y para mí, que me perdone mis pecados y me saque del purgatorio, que allá estaré quizá, por la misericordia de Dios, cuando esto se os diere a leer si estuviere para que se vea, después de visto de letrados.

Y si algo estuviere en error, es por más no lo entender, y en todo me sujeto a lo que tiene la santa Iglesia Católica Romana, que en esto vivo y protesto y prometo vivir y morir.

Sea Dios nuestro Señor por siempre alabado y bendito, amén, amén.

Acabóse esto de escribir en el monasterio de San José de Avila, año de 1577, víspera de San Andrés, para gloria de Dios, que vive y reina por siempre jamás, amén.

Copyright © 2020 by FV Éditions
Cover Picture : François Gérard, Santa Teresa, 1827
Ebook ISBN : 979-10-299-0866-8
Paperback ISBN : 9798633361339
Hardcover ISBN : 979-10-299-0867-5
All rights reserved.

www.ingramcontent.com/pod-product-compliance
Lightning Source LLC
LaVergne TN
LVHW091542070526
838199LV00002B/166